AtV AUFBAU THEMA

ALBRECHT MÜLLER wurde 1938 geboren. Der Diplom-Volkswirt war wissenschaftlicher Assistent an der Münchner Universität und Ghostwriter bei Bundeswirtschaftsminister Karl Schiller, bevor er 1970 die Leitung der Abteilung Öffentlichkeitsarbeit beim Parteivorstand der SPD übernahm und Wahlkampfmanager Willy Brandts wurde. 1972 war er verantwortlich für Konzept, Planung und kommunikative Umsetzung des Wahlkampfes. Später wurde Albrecht Müller Leiter der Planungsabteilung des Bundeskanzleramtes und Bundestagsabgeordneter.

Heute ist er Autor, Politik- und Unternehmensberater. Er veröffentlicht Aufsätze und Essays u. a. im »SPIEGEL« und in der »Frankfurter Rundschau«. Jüngste Buchveröffentlichung: »Willy wählen '72. Siege kann man machen«.

Albrecht Müller

Mut zur Wende!

Plädoyer
für eine neue Bürgerbewegung

Mitarbeit Hannes Müller

Aufbau Taschenbuch Verlag

Herausgegeben von Wilhelm von Sternburg

ISBN 3-7466-8517-6

1. Auflage 1997

Umschlaggestaltung Preuße & Hülpüsch Grafik Design
unter Verwendung eines Fotos von Ullstein Bilderdienst
Satz LVD GmbH, Berlin
Druck Elsnerdruck GmbH, Berlin
Printed in Germany

Inhalt

Vorwort

Demokratie lebt vom Wechsel. Wer in der Bundesrepublik um das Jahr 1970 geboren wurde, muß sich früh für Politik interessiert haben, um dieses herausragende Prinzip des demokratischen Systems als eigenes Erlebnis nachvollziehen zu können. Seit 1982 regiert in Bonn die konservativ-liberale Koalition aus CDU, CSU und FDP. Die junge Generation kennt nur einen Bundeskanzler, und der heißt Helmut Kohl. Überhaupt hat es in der fast fünfzigjährigen Geschichte der Bundesrepublik erst dreimal einen »Machtwechsel« gegeben. Die von Konrad Adenauer 1949 gebildete Koalition behielt ihre parlamentarische Mehrheit bis 1966 (nur in der Legislaturperiode von 1957 bis 1961 war die FDP nicht mit im Regierungsboot), und bis dahin stellten die Christdemokraten mit Adenauer und Erhard die Bundeskanzler. Die ein Jahr nach der Bundestagswahl von 1965 gebildete Große Koalition zwischen CDU/CSU und SPD bestand bis 1969. (Kanzler wurde der Christdemokrat Kiesinger.) Dann erhielten CDU/CSU zwar wieder die meisten Wählerstimmen, doch aufgrund der linksliberalen Wende, die sich in der FDP mit dem »Freiburger Programm« unter Führung von Walter Scheel vollzog, kam es zur Bildung einer sozialliberalen Regierung. Erstmals wurde mit Willy Brandt ein Sozialdemokrat zum Kanzler gewählt. Unter seiner Führung errang die SPD 1972 eine Mehrheit im Bundestag, die Helmut Schmidt übernehmen und bis zu einem neuerlichen innerparteilichen Schwenk der Freien Demokraten halten konnte. Dann kam Helmut Kohl, und er saß alle Krisen aus.

In zahlreichen anderen europäischen Demokratien ging es erheblich lebhafter zu. Frankreichs und Italiens Regierungen hielten sich selten eine ganze Legislaturperiode an der Macht. Häufige Neuwahlen gehörten vor allem in Italien zum politischen Alltag. Permanente Regierungskrisen sind allerdings keineswegs ein Zeichen besonders erfolgreich gelebter Demokratie. Im Gegenteil, sie können im Extremfall sogar zu ihrem Untergang führen, wie das Beispiel der Weimarer Republik belegt.

Andererseits zeigen nahezu alle historischen Beispiele, daß mit wachsender Herrschaftsdauer einer Regierung Verkrustungen entstehen und die Politik lähmen. Personell ausgelaugt, inhaltlich-programmatisch bewegungslos, beginnen die an der Macht befindlichen Parteien das Land mehr schlecht als recht zu verwalten. Konstruktive Antworten auf drängende Herausforderungen bleiben aus, das Regierungsestablishment »vergreist« im Amt. Auch in der Bundesrepublik war dies Phänomen regelmäßig zu beobachten. Die letzten Jahre der Adenauer-Ära verkamen zur politischen Götterdämmerung, trotz des »Wirtschaftswunders« der fünfziger Jahre erstarrte das Land in den Sechzigern, bis eine neue Generation schließlich auf dem Wege der außerparlamentarischen Opposition neue Bewegung in die westdeutsche Innenpolitik brachte. Mit knappstem Wahlergebnis kam nach zwanzig Jahren die Sozialdemokratie an die Macht.

Nach dreizehn Regierungsjahren aber zeigte auch die zuletzt von Helmut Schmidt geführte sozialliberale Koalition unübersehbare Verschleißerscheinungen. Die Sozialdemokratie war innerparteilich über wichtige Fragen der Wirtschafts- und Sicherheitspolitik heillos zerstritten, und der Partner FDP begann sich abzusetzen. Mit dem von Genscher und Lambsdorff 1982 inszenierten Koalitionswechsel begann das Zeitalter des Helmut Kohl.

Auffallend, wie schwer es den Deutschen ganz offensichtlich fällt, einen Regierungswechsel durch den Wahlzettel herbeizuführen. Das Ende der langen Herrschaft der konservativen Christdemokraten setzte 1966 mit der Großen Koalition ein, die nicht durch Wählerentscheid, sondern von der Mehrheit des Bundestages durchgesetzt wurde. Helmut Schmidt wurde während einer Legislaturperiode von der FDP gestürzt, der Wahlbürger blieb bei diesem Akt außen vor. Erst bei den darauffolgenden, vorgezogenen Bundestagswahlen bestätigte er den politischen Coup des Hans-Dietrich Genscher.

Helmut Kohl und seine freidemokratischen Partner forderten seit Ende der siebziger Jahre eine »geistige Wende« in Deutschland. Die wachsende Unsicherheit in der Bevölkerung, die durch die technologische, arbeitsplatzvernichtende Revolution ebenso ausgelöst wurde, wie durch die mentale Veränderung im gesellschaftlichen Zusammenleben (Auflösung der Familienstrukturen, veränderte Werteorientierung der jüngeren Generation, Aufgabe des Solidaritätsgedankens etc.), trug entscheidend dazu bei, daß dieser Slogan auf eine breite Akzeptanz im Lande stieß. Im Grunde verbarg sich hinter dieser lautstark vorgetragenen Antwort auf einen »Modernisierungsschock« nichts anderes als der Versuch, eine neuerliche konservative Rückwendung in der Wirtschafts- und Gesellschaftspolitik zu ermöglichen. Unterstützt wurde sie durch die Entwicklungen in den Vereinigten Staaten und in Großbritannien, wo Ronald Reagan und Maggie Thatcher dem Neoliberalismus Tür und Tor öffneten. Die ökonomischen Scheinerfolge, die dort gepriesen wurden, blieben in der verunsicherten deutschen Gesellschaft nicht ohne Wirkung.

Das Ergebnis der neuen Politik ist niederschmetternd. Alle Daten weisen auf eine dramatische Zuspitzung der schon in den frühen achtziger Jahren zu beobachtenden Negativtrends hin. In den Neunzigern haben die Arbeitslosigkeit, die Staatsverschuldung, die Konkurswelle Rekordhöhen erreicht, die für Deutschland ausgeschlossen schienen. Dafür ist nicht allein die Politik der konservativen Bonner Koalition verantwortlich zu machen. Die Wiedervereinigung mit ihrer gigantischen ökonomischen Herausforderung, der Zusammenbruch des sowjetischen Imperiums und die sich weiter beschleunigenden Veränderungen auf dem Weltmarkt haben das ihre dazu beigetragen.

Aber daß die Bonner Regierungspolitik seit Jahren nicht mehr auf diese und viele andere Veränderungen reagiert, sie hilf- und entscheidungslos an Konzepten festhält, die längst überholt sind, ist ebenfalls nicht zu übersehen. Helmut Kohl ist zweifelsohne ein begnadeter Machtpolitiker, was dazu beitrug, daß er die unendliche Krisengeschichte seiner Kanzlerschaft bislang 15 Jahre politisch überlebte. Der Blick auf die Sozial-, Finanz-, Bildungs- oder Arbeitsmarktpolitik seiner Regierung allerdings zeigt überdeutlich, daß seine Zeit abgelaufen ist. Steuer- oder Rentenreform, das Gesundheitswesen oder die Situation an den Universitäten und auf dem Lehrstellenmarkt – wohin der Blick fällt, das Resultat ist deprimierend. Von dieser Regierung ist nichts mehr zu erwarten, es geht ihr offensichtlich nur noch um den verzweifelten Kampf des Machterhalts.

Albrecht Müller entwirft in seinem Essay eine Strategie des Wechsels, der kommen muß, um das Land von der Lähmung zu befreien, die es befallen hat. Eine neue Regierung ist keine Garantie für den Erfolg, aber eine Fortsetzung der Kohlschen Politik wäre ohne jede Perspektive, die auf eine Besserung hoffen ließe. Haben aber Sozialdemokraten und Grüne überzeugende Personen und Programme, die eine Wende realistisch erscheinen lassen? Ist die derzeitige Opposition nicht doch nur eine schlechte Kopie der Neoliberalisten im Kabinett Kohl? Hat sie wirklich offensive und mutige Antworten auf den propagandistischen Feldzug, den Kohl und seine Paladine mit den Stichworten »Rote Socken« und »Untergang« im Wahlkampf zweifellos führen werden? Verlieren sich Lafontaine, Schröder und Fischer nicht am

Ende doch wieder in vordergründigen populistischen Manövern des Stimmenfangs? Ein Wechsel als Selbstzweck wird dem Land genausowenig nutzen wie eine Monarchie à la Kohl. Ein bißchen Steuerreform, ein bißchen Manipulation an den Lohnnebenkosten oder Scheinveränderungen im Renten- und im Gesundheitssystem reichen ebensowenig aus wie ein telegener SPD-Herausforderer. Die Wende, soll sie denn eine sein, muß tiefer gehen. Sie muß die sozialen Errungenschaften, die den Standort Deutschland ausgezeichnet haben, vernünftig in die Zukunft hinübertragen, und sie muß der absoluten Vorherrschaft des Ökonomischen ein Ende bereiten. Keine Schicksalswahl – wie die politischen Protagonisten es uns so gern suggerieren – steht vor der Tür, aber wir, die Wähler, entscheiden demnächst darüber, ob der politischen Lethargie ein Ende bereitet wird oder nicht. Die Zeit dafür ist überreif.

Wilhelm von Sternburg

Über die Dringlichkeit einer Wende und die Hürden auf dem Weg dorthin

Alles andere als ein Selbstlauf

Mehr als vier Millionen registrierte Arbeitslose, wachsende Staatsverschuldung, die Regierungskoalition zerstritten und ohne Konzepte, allenthalben Rat- und Orientierungslosigkeit – müßte bei dieser Ausgangslage der Wechsel in Bonn nicht selbstverständlich erscheinen? Wozu also jetzt noch erörtern, mit welcher Strategie die Wende möglich ist?

Die Meinungsumfragen und die Stimmung in den Medien signalisieren seit längerem, daß sich die Regierung Kohl politisch überlebt hat. Aber die Erfahrung der letzten Jahre lehrt, daß solche Stimmungslagen und Prognosen trügen. Im Herbst 1993, kaum ein Jahr vor der letzten Bundestagswahl, lag die SPD in den Meinungsumfragen beträchtlich vor der CDU/CSU, Rudolf Scharping in der Frage nach dem gewünschten Bundeskanzler weit vor Helmut Kohl. Aber dieser gewann die Wahl.

Diese Erfahrung sollte davor warnen, ähnliche Umfragen heute überzubewerten. Verlauf und Ergebnis der Bürgerschaftswahl in Hamburg zeigen die harte Realität. Wie 1994 könnten die SPD und mit ihr die BündnisGrünen mit zu simplen Strategien eine komplexe politische Konstellation zu meistern versuchen und scheitern. Und mit ihnen scheitert die Hoffnung vieler Menschen auf die längst fällige Wende. Diese Einschätzung wird vom früheren Bundespräsidenten von Weizsäcker gestützt. Wir hätten »nun schon sehr lange ein politisches System in der Regierungsverantwortung, das die von der Demokratie angebotenen Mittel zur Erringung und Bewahrung der Macht auf eine bisher nie gekannte Höhe der Perfektion getrieben hat«, meint Richard von Weizsäcker. Er läßt offen, was er mit »politischem System« meint und welches die »Mittel« sind, die aus seiner Sicht dem herrschenden politischen System die Machterhaltung sichern helfen. Aber es ist klar erkennbar, daß sich der intime Kenner des regierenden Machtapparates Sorgen macht, ob das Elementarste einer Demokratie noch funktioniert: der Machtwechsel.

Diese Sorge – im Blick auf die Bundestagswahl 1998 und danach – ist auch Anlaß für dieses Buch. Es soll Anstöße geben für eine dennoch erfolgreiche Strategie zur politischen Wende.

In 15 Jahren christlich-liberaler Koalition haben sich die Macht- und Medienverhältnisse zugunsten der Konservativen verändert. Sie bestimmen das Denken weiter Kreise und die Themen der politischen Diskussion. Man wird sich über die Chancen und Bedingungen einer Wende im Jahre 1998 nur klarwerden können, wenn man diese Stimmungsmaschinerie genau untersucht und erkennt, welche Machtfaktoren dabei eine Rolle spielen und wie man sie neutralisieren kann. Aus dieser Analyse muß die Strategie für den Wechsel entwickelt werden.

Nur wenn es gelingt, breite Bevölkerungsschichten zu mobilisieren, wird die heutige Opposition 1998 die konservative Macht- und Medienbarriere überwinden können. Ohne eine klare Alternative, für die es sich einzutreten lohnt, wird es eine solche »Bürgerbewegung« aber nicht geben. Menschen engagieren sich nur, wenn sie glauben, etwas verändern zu können.

In Frankreich wurde die politische Mehrheitsentscheidung gegen die Konservativen bei der Wahl vom 1. Juni 1997 im Geistesleben vorweggenommen. Dort gab es mit den Ideen des Soziologen Pierre Bourdieu, mit Viviane Forresters[2] Kampfansage gegen den Ökonomismus und sogar mit dem Buch eines konservativen Politikers, dem ehemaligen Parlamentspräsidenten Séguin[3], interessante konzeptionelle und publizistische Vorläufer für die Wende. Spätestens im Kampf um die Wahlentscheidung 1998 muß auch bei uns versucht werden, die geistige Vorherrschaft der Neokonservativen zu brechen. Die Bundestagswahl 1998 muß zu einer Richtungswahl werden: weg vom gescheiterten Weg des Neokonservativismus und hin zu einem modernen Gesellschaftsmodell, das ökonomische Kraft mit sozialer Verantwortung verbindet, hin zu einem dritten Weg, dem »Europäischen Weg«, wie er in der Folge hier genannt werden soll.

Viele Menschen in Deutschland hoffen auf eine solche klare und wählenswerte Alternative. Vermutlich ist das noch nicht die Mehrheit. Aber eine Minderheit, die sich für einen Kurswechsel begeistern kann, wäre fähig, die orientierungslose Mehrheit zu überzeugen.

Wie die konservative Philosophie die geistige Vorherrschaft eroberte

Am 22. September 1972 hielt Franz-Josef Strauß eine für unser Thema bemerkenswerte Rede im Deutschen Bundestag. Es ging um die Abstimmung über die vom damaligen Bundeskanzler Brandt gestellte Vertrauensfrage und die mögliche Auflösung des Bundestags als Voraussetzung für allseits gewünschte Neuwahlen. Strauß beklagte, Willy Brandt und seine »Mitte-Links«-Koalition hätten das politische Koordinatensystem nach links verschoben.

In der Tat war es der SPD nach einer langen Periode konservativer Vorherrschaft gelungen, die Meinungsführerschaft in der politischen Diskussion zu übernehmen. »Mehr Demokratie wagen«, »Reformpolitik«, »Wir wollen ein Volk der guten Nachbarn sein«, »Versöhnung«, »Friedens- und Vertragspolitik statt Kaltem Krieg« – das waren programmatische Ansätze, Aussagen und Parolen, die viele Menschen faszinierten und das Denken weiter Kreise prägten. Die innenpolitischen Reformen – die einzelnen Entscheidungen über das Hochschulrahmen- oder das Städtebauförderungsgesetz, sozialpolitische Maßnahmen wie die Einführung der flexiblen Altersgrenze und das Betriebsverfassungsgesetz, das Arbeitssicherheitsgesetz und die Sicherung der betrieblichen Altersversorgung – sowie die Verträge mit Moskau, Warschau und Ostberlin waren eingebettet in eine »Gesamtphilosophie«. Die Reform- und Versöhnungspolitik der sozialliberalen Koalition war zudem von einer vielfältigen Bewegung im kritischen Bürgertum und im Geistesleben, in der Literatur und den Sozialwissenschaften vorbereitet und begleitet worden: Georg Pichts Werk zum Bildungsnotstand, die Friedensdenkschrift der Evangelischen Kirche, das sogenannte Krelle-Gutachten von 1967 zur ungerechten Einkommens- und Vermögensverteilung, die Werke von Günter Grass, Heinrich Böll, Rolf Hochhuth, Hans Magnus Enzensberger, Theodor W. Adorno und Jürgen Habermas wären hier als Beispiele zu nennen. Die praktische Politik baute auf dieser literarischen, geistigen und konzeptionellen Vorarbeit auf. Gemeinsam mit ihr prägte sie den Geist der Zeit.

Es gab daneben allerdings nach wie vor in weiten Kreisen verwurzelte konservative Vorstellungen, mit denen in der politischen Auseinandersetzung hart gerungen wurde.

Lange vor der politischen Wende vom Oktober 1982 kam die geistige Wende

CDU, CSU, die wirtschaftsliberalen Kreise in der FDP und die mit ihnen verbundenen Wirtschaftsverbände, konservative Interessengruppen, Medien und Hochschullehrer haben nicht nur Klagelieder gesungen. Die Rückversetzung des »Koordinatensystems« wurde von ihnen so bald als möglich geplant und begonnen. Schon kurz nach dem großen Wahlsieg der SPD vom 19. November 1972, als sie 45,8 % der Stimmen auf sich vereinigen konnte, begannen Kommentatoren von »Reformeuphorie« und »Reformismus« sowie von

Reformmüdigkeit in der Bevölkerung zu sprechen. Es hieß, die sozialdemokratisch geprägten Reformen seien überstürzt eingeleitet worden. Der Begriff »Tendenzwende« kam auf: Die Bevölkerung orientiere sich wieder auf konservative Ideen, sie sei der hohen Abzüge für öffentliche Leistungen überdrüssig. Auch der Sinn des Sozialstaates wurde in Zweifel gezogen: »soziale Hängematte«, »Gleichmacherei«, »Sozialklimbim«, »Freiheit statt Sozialismus« und andere agitatorische Formeln tauchten auf.

Mit dem Denken und Fühlen und der Einstellung der Mehrheit der Bevölkerung hatte dies zunächst nichts zu tun. Die Bürger waren vom Sinn und von der Attraktivität des Sozialstaats überzeugt. Sie brauchten und schätzten ihn. Das bestätigte u. a. eine Studie, die Infratest 1976 im Auftrag des Bundeskanzleramts durchgeführt hatte. Zur Frage, wie stark sich der Staat um die soziale Sicherung kümmern sollte, wurden den Befragten zwei Alternativen vorgelegt:

A: Wir sind mit unserem System der sozialen Sicherung auf dem richtigen Weg. Es sichert, ohne den Einzelnen zu bevormunden.

B: Das System der sozialen Sicherung geht bei uns viel zu weit. Es betreut den Bürger zu stark und nimmt ihm zuviel Eigenverantwortung weg.

75 % der Befragten entschieden sich für A, 21 % für B.

Entgegen der tatsächlichen Wertschätzung der sozialstaatlichen Prägung unseres Landes erweckten Konservative den Eindruck, es sei eine Tendenzwende in der Beurteilung von Reformen und Sozialstaat eingetreten. Sie argumentieren in diesem Sinne bis heute und haben inzwischen eine beachtliche Meinungsverschiebung bewirkt.

Die politische Linke hat mehrheitlich nicht gemerkt, was gespielt wird

Die Mehrheit der führenden Sozialdemokraten hat sich schwergetan, zu ermessen, welche Bedeutung die Versetzung des

Koordinatensystems nach rechts und das Ringen der Konservativen um die geistige Vorherrschaft haben würde und welche Gefahr darin lag. Einige haben sogar mitgeholfen, die von den Konservativen betriebene Tendenzwende zu fördern – aus Überzeugung oder aus Gründen des innerparteilichen Platzvorteils. Sie haben über die von Willy Brandt angeblich zu hoch gesteckten Erwartungen gejammert, statt zu begreifen, daß die Brandtsche Philosophie und Reformeuphorie erst die Dynamik in die politische Debatte brachte, die notwendig ist, um den Spielraum für eine handfeste und pragmatische Politik zu schaffen und zu erweitern. Anders als Franz Josef Strauß haben die eher konservativen Teile der SPD-Führung nicht verstanden, daß der Rahmen für politische Möglichkeiten nicht allein von der Leistungsfähigkeit der Regierung, sondern auch von der öffentlichen Meinung abhängt. Zu diesem Kreis führender Sozialdemokraten gehörte damals auch Helmut Schmidt, Brandts Nachfolger als Bundeskanzler. Hätte er die Bedeutung der politischen Philosophie und der »geistigen Führung« erkannt und für sich akzeptiert, hätte er möglicherweise länger regiert.

Nach dem Ende der sozialliberalen Ära scheiterten alle Versuche der SPD zur Wiederbelebung reformerischer und meinungsführender Positionen. Das gilt beispielsweise für das Berliner Grundsatzprogramm, das das Godesberger Programm um die Zielsetzung »ökologische Erneuerung« und eine Antwort auf das absehbare Ende des Ost-West-Konfliktes ergänzen sollte. Die Forderung nach ökologischer Erneuerung konnte ihre Wirkung nicht entfalten, weil sie innerparteilich umstritten war. Die Idee einer europäischen Friedensordnung jenseits des NATO-Bündnisses wurde durch die massive Agitation der NATO, der westlichen Verbündeten und der deutschen Konservativen unwirksam gemacht – mit weit in die SPD und in die Reihen der BündnisGrünen hineinreichender Wirkung.

Nebenbei: Es wäre nicht aussichtslos gewesen, Widerstand

gegen die Begriffsprägung der Konservativen zu leisten. Wo das geschah, hatten Sozialdemokraten durchaus Erfolg. Erinnert sei an Helmut Schmidts wiederholte Richtigstellung, der soziale Friede sei ein ganz wichtiger Produktionsfaktor und damit eine Grundlage der Wettbewerbsfähigkeit der deutschen Volkswirtschaft. Schmidts Äußerungen fanden trotz konservativer Agitation gegen den Sozialstaat großen Zuspruch, etwa bei den Wahlen 1976 oder 1980.

Nach dem Verlust der Regierungsmacht 1982 hat es die SPD versäumt, eine Strategie für die Rückkehr an die Macht zu entwickeln. Es wurde nicht mit der nötigen Dynamik und Geschlossenheit versucht, die geistige Führung im Land zurückzuerobern. So konnte die neokonservative Philosophie immer mehr an Boden gewinnen.

CDU und CSU haben 1982 nicht nur eine politische Wende herbeigeführt und diese durch Wahlen 1983, 1987, 1990 und 1994 bestätigt. Sie haben Fakten geschaffen. Dazu nur einige wenige Beispiele:

Die Steuerpolitik geht seit 1982 eindeutig auf Kosten der Arbeitnehmer: Die durchschnittliche Lohnsteuerbelastung betrug 1982 16 %, 1995 20,4 %. Aufgrund der parallel gestiegenen Sozialabgaben erhöhten sich die realen Einkommen der Arbeitnehmer in diesen 13 Jahren nur um 2 %.

Die Nettoeinkommen aus Unternehmertätigkeit und Vermögen haben sich dagegen im gleichen Zeitraum mehr als verdoppelt. Die Steuerlast auf Gewinn- und Vermögenseinkommen sank von 19,9 auf 9,7 %. Das Tüpfelchen auf dem i: die Abschaffung der Vermögensteuer. An diesen Veränderungen zeigt sich auch deutlich, wie schwach die Arbeitnehmervertretungen geworden sind.

Die elektronischen Medien wurden weitgehend kommerzialisiert – einer der gravierendsten Schritte zur Verfestigung konservativer Vorherrschaft.

1989 – kein Wort der Linken zum eigenen Weg

Als nach dem Fall der Mauer 1989 die bisher zum »sozialistischen Lager« gehörenden Völker Mittel- und Osteuropas ihren künftigen Weg zu finden versuchten und sich nach Westen wandten, reagierte die politische Linke in Deutschland und Europa nicht offensiv. Statt nach dem Zusammenbruch des Kommunismus eine sozialdemokratische Alternative zum Kapitalismus à la USA selbstbewußt anzubieten, hat man der Glorifizierung des neokonservativen Modells nicht widersprochen. So wurde etwa die russische Regierung vornehmlich von den sogenannten Chicago-Boys, extremen Neoliberalen der Chicago-Schule, beraten. Und die damalige Führungselite der russischen Sozialdemokraten (SDPR) hatte Werke von Ludwig Erhard und Müller-Armack auf dem Nachttisch liegen. Diese eher anekdotische Beobachtung kennzeichnet den Charakter eines Großteils des westlichen Beratungswesens und weist auf die weltweite Vorherrschaft der neoliberalen Philosophie hin.

Die Folgen der Restauration – ein Scherbenhaufen

1981 haben Otto Graf Lambsdorff und die FDP den Sturz der Regierung Helmut Schmidt betrieben, weil für das folgende Jahr eine Nettoneuverschuldung von 27 Milliarden DM geplant war. Die Gesamtverschuldung des Staates lag damals unter 600 Milliarden DM.

Zum Vergleich: 1996 betrug die Gesamtverschuldung mit 2133,3 Milliarden DM das Dreieinhalbfache. Die Nettoneuverschuldung liegt nun schon bei mehr als 70 Milliarden DM pro Jahr. Der Bund muß 16,5 % seiner Gesamtausgaben für Zinszahlungen ausgeben. Selbst das publizistische Flaggschiff der Neokonservativen, die FAZ, gibt zu, daß die nächste Regierung eine geplünderte Kasse vorfinden werde.[4] Da der jetzigen Regierung das Wasser bis zum Hals steht, verscherbelt sie Volksvermögen, das in Jahrzehnten aufgebaut wurde. So wurden Anteile an der VEBA, der Deutschen Lufthansa, der VIAG, an Schenker, der Rhein-Main-Donau AG, der Deutschen Kreditbank und an der Deutschbau verkauft, und entgegen allen Zusagen sollen auch Telekom-Aktien aus dem verbliebenen Anteil des Bundes zu Geld gemacht werden.

Vom wirtschaftlichen Niedergang sind Millionen Menschen betroffen. In Deutschland gibt es ca. 4,3 Millionen registrierte und noch einmal mehr als 3 Millionen nichtregistrierte Arbeitslose. Noch sehr viel mehr Arbeitnehmer haben Angst um ihren Arbeitsplatz. Dies prägt das politische und gesellschaftliche Klima. Denn Angst macht unfrei und ohnmächtig. 1996 gab es 25 500 Firmenzusammenbrüche, zumeist mittlere und kleine Unternehmen. Das sind 14,3 % mehr als im Vorjahr – die höchste Rate, die es je gab. Die Infrastruktur wird vernachlässigt, öffentliche Mittel (z. B. für Schwimmbäder, Jugendzentren, Beratungsstätten, Büchereien etc.) werden aus Geldknappheit radikal gekürzt. Die Armut wächst, parallel dazu nehmen Gewalttaten jüngerer Menschen und Drogendelikte zu. Die Kluft zwischen Reich und Arm vergrößert sich ständig.

In Ostdeutschland hat man bewährte Einrichtungen wie Polikliniken, Kinderhorte und Jugendklubs geschlossen, weil sie ideologisch und finanziell nicht ins Konzept paßten – trotz hoher Jugendarbeitslosigkeit und trotz des Wunsches der Frauen zu arbeiten. Damit haben Frauen in den neuen Bundesländern weniger Chancen, Beruf und Familie zu verbinden. Der Anteil der voll erwerbstätigen Frauen ist schon jetzt von 91 % auf 70 % gesunken. 20 % der Frauen in den neuen Bundesländern suchen Arbeit.

Die Vereinigung zweier so verschiedener Volkswirtschaften wie die der Bundesrepublik und der DDR war ein Problem größten Ausmaßes. Auch jede andere Regierung hätte das nicht ohne Anwachsen der Staatsverschuldung und schwierige Umstrukturierungen zuwege gebracht. Doch die christlich-liberale Koalition ist maßlos mit dem Geld der Steuerzahler umgegangen; sie hat westdeutschen und ausländischen Unternehmen ihre Investitionen im Osten mit Milliarden DM vergoldet und über die Treuhand Unsummen verschwendet.

Der schleichende »geistig-moralische« Verfall

Ein marktwirtschaftliches System ist immer auch auf Eigennutz gegründet. Als dynamisches Element hat er seine Berechtigung, kann jedoch nicht allein die Triebfeder gesellschaftlichen Zusammenlebens sein. Jede demokratische Gesellschaft braucht eine Orientierung in bezug auf das Gemeinwohl, sozialen Sinn, ein Minimum an individueller Verantwortung auch für andere und für das Ganze. Daß Helmut Kohl das ähnlich sehen würde, hat mancher geglaubt, als der Bundeskanzler 1982 davon sprach, eine geistig-moralische Wende für Deutschland einleiten zu wollen. Das Gegenteil ist eingetreten: Statt wenigstens ihre wertkonservativen Gedanken zum Tragen zu bringen, machte die neue Regierung vor allem den Egoismus gesellschaftsfähig.

Heute wird so getan, als sei tatsächlich jeder seines Glükkes Schmied. Schwächere werden an den Rand gedrängt. Wer Gerechtigkeit anmahnt, wird verdächtigt, »Sozialneid« zu schüren. Für Zeitgenossen, die die Lage anderer Menschen verbessern wollen, wurde der abschätzig gebrauchte Begriff »Gutmensch« erfunden. Das ist eine Übernahme aus den USA. Dort beschimpfen Konservative Sozialliberale seit langem als »do-gooders«.

Daß Solidarität keine ideologische Erfindung ist, räumten selbst CDU-Politiker wie Kohl während der Hochwasserkatastrophe an der Oder im Juli 1997 ein. Im Alltagsgeschäft wird das schnell vergessen. Leider haben sich jene Unionspolitiker, die in der christlich-sozialen Tradition stehen, mehr und mehr an den Rand drängen lassen.

Als Anfang der 70er Jahre konservative Politiker und Medien in der Auseinandersetzung mit sozialdemokratischer Bildungs-, Sozial- und Steuerpolitik den Begriff »Gleichmacherei« gebrauchten, klang das noch ganz harmlos. Inzwischen bekennen sich Konservative ganz offen zur Einteilung der Gesellschaft in Unten und Oben. Alle Menschen sind gleich, dieser Grundsatz jeder Demokratie, wird offen bestritten. Das könnte die Wurzel eines neuen Faschismus sein. Er tritt anders auf als der alte: ein bißchen vornehmer und ein wenig leiser, vor allem setzt er sich verbal ständig ab vom alten. Um so wichtiger ist es, die Symptome zu benennen, etwa die Verachtung für die Schwächeren, den Hang, sie aus dem Straßenbild zu verbannen und auszugrenzen.

Das ökonomische Prinzip prägt weite Lebensbereiche. Mit der Patentierung von Genen können inzwischen sogar Eigentumsrechte an der Natur erworben werden. Ein extremer Fall von Ökonomisierung.

Was man lange Zeit als wirkliche soziale und kulturelle Errungenschaften betrachtet hat, z. B. das freie Wochenende oder die hohe Zahl von Urlaubstagen, Arbeitsförderung und Kündigungsschutz, Lohnfortzahlung im Krankheitsfall und die Rechte der Arbeitnehmer und ihrer Vertretungen aus dem Betriebsverfassungsgesetz, wird zum Hemmschuh für die wirtschaftliche Entwicklung deklariert. Wertmaßstab ist nicht das Wohl der Menschen, sondern das, was als positiver Standortfaktor interpretiert wird.

Die Wegrationalisierung Tausender Arbeitsplätze wird an der Börse mit Kursanstieg belohnt. Mehr und mehr Unternehmer orientieren sich an diesem Mechanismus und werden dafür in der einschlägigen Presse gelobt. Auch das ist Ausdruck der geistigen Hegemonie des neuen Konservatismus, der mit dem alten, traditionellen Konservatismus des Bewahrens nichts mehr zu tun hat.

Natürlich gibt es ökonomische Sachzwänge, in einer verflochtenen Weltwirtschaft sowieso. Aber der Gestaltungsspielraum der Politik ist um vieles größer, als die Vertreter des reinen Ökonomismus propagieren. Es geht bei der kommenden Auseinandersetzung in Deutschland darum, diesen Spielraum weiter zu öffnen und zu nutzen. Es geht darum, gemeinsam innerhalb von Europa die Rahmendaten so zu setzen, daß ökonomisch geleitetes Handeln die anderen Seiten des Lebens und die Politik nicht dominiert.

Die konzeptionelle Schwäche der herrschenden Politik

Man mag die Planungseuphorie kritisieren, die sich zu Beginn der Ära Brandt in Bonn breitgemacht hatte. Doch dieser Politikstil unterschied sich wohltuend von der Konzeptions- und Gedankenlosigkeit, dem Verlust an Weitsicht und Umsicht, die die Regierungsarbeit heute prägen. Einige Beispiele:

- Finanzpolitik reduziert sich immer mehr auf die erklärte Absicht zum Sparen. Ein Sparprogramm folgt dem anderen. Apart daran ist, daß die deklarierte Absicht mit dem tatsächlich zu Erreichenden verwechselt wird. Die Regierung »spart« und wundert sich später, daß infolge des Niedergangs der Konjunktur nicht genügend Steuern eingenommen werden und das Sparziel somit nicht erreicht wird. So hat die Bundesregierung für 1997 ursprünglich eine Nettoneuverschuldung von 53,4 Milliarden DM geplant. Mitte des Jahres mußte der Finanzminister zugeben, daß es mindestens 71 Milliarden DM sein werden. Ein Phänomen, das sich seit Jahren wiederholt.
- Ähnlich ist es mit den Kostendämpfungsprogrammen von Gesundheitsminister Seehofer. Wie viele dieser Programme mußten die Bürger schon über sich ergehen lassen. Jedesmal wurde der Eindruck erweckt, jetzt würden die Probleme gelöst.

– Die Regierung Kohl schaffte das einheitliche Kindergeld für alle ab und ersetzte es durch einen Wust komplizierter Regelungen und Zuständigkeiten. Und jammert anschließend über die wuchernde Bürokratie.
– Um die Arbeitslosenziffern zu schönen, wurde der Eintritt von vielen tausend Arbeitnehmern in den Vorruhestand forciert. Doch es wurde nicht bedacht, daß dadurch Rentenbeiträge fehlen und neue Löcher in der Sozialversicherung aufgerissen werden.
– Die konservative Politik geht generell von einfachen Wirkungszusammenhängen aus, nach dem Muster: Löhne und Lohnnebenkosten runter, und das Arbeitsplatzangebot steigt. Oder: Gewinne hoch, und es wird investiert. Oder: Ladenschlußzeiten liberalisieren, und das Sozialprodukt wächst. Am besten seien gar keine Regeln, also wird dereguliert. Der Staat sei ohnehin überbürokratisiert; deshalb wird privatisiert.

Die heutige Politik ist nicht nur gefährlich simpel, sondern auch kurzsichtig: Die Umwandlung von gesicherten Arbeitsverhältnissen in ungesicherte wird als scheinbar objektiver Trend hingenommen und als Zuwachs an Selbstverantwortung glorifiziert; die soziale Sicherung gegen die Risiken des Alters und der Arbeitslosigkeit wird ausgehöhlt, beschönigend Umbau genannt; in der Umwelt-, Verkehrs- und Klimapolitik unterbleiben längst fällige Korrekturen unter völliger Mißachtung der Folgen.

Von Achtung und Bewahrung der Umwelt und des Kulturerbes ist wenig zu spüren. Dabei sollte gerade dies einen wichtigen Anteil von »konservativer« Politik ausmachen. Solche Kurzsichtigkeit und Kurzatmigkeit wird schwerwiegende Folgen für die Zukunft der jungen Generation haben.

Man kann die eigenartige konzeptionelle Schwäche der Politik nicht allein der Bundesregierung anlasten. Diese Dürre hat auch etwas damit zu tun, daß die intensive geistige und intellektuelle Diskussion um die Lösung von Problemen ziemlich versiegt ist. Richard von Weizsäcker beklagt den Verlust an »lebhafter konzeptioneller Auseinandersetzung« im Vergleich zu den 60er Jahren mit Recht.

Bewegung ist alles, die Richtung ist nichts

Das ist ein gefährlicher Charakterzug »moderner« Politik: Atomwirtschaft, Gentechnik oder die bemannte Weltraumfahrt sollen nicht mehr hinterfragt werden. Es soll nicht erörtert werden, wozu der Eurofighter gebraucht wird oder ob sich der Bau des Transrapid wirklich lohnt. Hauptsache, es bewegt sich etwas. Hauptsache, es gilt als modern.

Die Neigung der Neokonservativen zur Gedankenlosigkeit ist nicht neu. Anfang der 80er Jahre wurde unter der Führung des damaligen Postministers Christian Schwarz-Schilling die Kommerzialisierung des Fernsehens gegen alle Widerstände durchgesetzt. Heute beklagen konservative Zeitgeistkritiker die ausufernde Gewalt auf dem Bildschirm, die totale Inanspruchnahme des Lebens von Kindern durch das Fernsehen, den Verlust an personaler Kommunikation und des Gemeinschaftslebens in Familien, in Verbänden, Vereinen und Gemeinden. Bundeskanzler Kohl kritisiert nach der Medienhatz auf Prinzessin Diana die Sensationsgier der Medien. Auch das war als Folge der totalen Kommerzialisierung immer schon vorhergesagt. Aber das Nachdenken über Folgen ist nicht gefragt, wenn die Bewegung alles ist. So zerstören die Konservativen ihre eigenen Werte und stehen staunend vor dem Scherbenhaufen.

Suche nach den Schuldigen und Flucht nach vorn

Seit 1982 regiert eine konservative Regierung Deutschland. »Mehr Arbeitslose, mehr Sozialhilfeempfänger, mehr Pleiten, höhere Sozialabgaben, größere Haushaltslöcher«, so hat

Johannes Rau die Bilanz dieser Regierung zusammengefaßt. Statt Konsequenzen aus der schlechten Bilanz zu ziehen, sucht die Regierung Schuldige: die Opposition wegen ihrer angeblichen Blockade bei Sozialumbau und Steuerreform, die Deutschen insgesamt, denen es noch immer zu gut gehe, vor allem die Arbeitnehmer, die ihre Rechte in ungebührlichem Maße wahrnähmen.

Der Bundeskanzler selbst rühmte sich bei einem Gespräch mit Unternehmern im März 1997, er habe mit einem neuen Arbeitszeitgesetz die tägliche Arbeitszeit verlängert und die Sonntagsarbeit erheblich erleichtert, den Kündigungsschutz verschlechtert, den Abschluß befristeter Arbeitsverträge wesentlich erleichtert und die Entgeltfortzahlung im Krankheitsfall »aufgeweicht«.

In der Tat: Am 30. Januar 1996 wurden ein »Aktionsprogramm für Investitionen und Arbeitsplätze« und am 26. April das »Programm der Bundesregierung für mehr Wachstum und Beschäftigung« beschlossen. Mit Sparprogrammen und Schnitten ins soziale Netz sollten die Wachstums- und Beschäftigungsbedingungen verbessert werden, aber die Aktionen waren ein Fehlschlag. In lichten Momenten merken Vertreter der Koalition dies ja selbst. So räumte Wolfgang Schäuble am 14. Juni 1997 ein, sie hätten bis jetzt nicht die Auswirkungen auf dem Arbeitsmarkt gehabt, »die wir uns alle vor einem Jahr erhofft haben«. Statt die eigene Diagnose und Therapie zu überprüfen, wird, um das Scheitern ihrer Politik zu vertuschen, nun aber die Flucht nach vorn angetreten: Konservative Politiker, Wissenschaftler und Publizisten rufen auch nach 15 Jahren Kohl noch nach der Wende, nach dem Umbau des Sozialstaats, nach Deregulierung und Privatisierung und all der anderen konservativen Wundermedizin. Der Präsident des Bundesverbandes der Deutschen Industrie (BDI), Hans Olaf Henkel, fordert inzwischen sogar eine »Änderung des Systems«, also der Grundlagen der bundesdeutschen Demokratie. Nachdem die von ihm favorisierten

Rezepte für einen Wirtschaftsaufschwung keine Wirkung zeitigen, sucht er jetzt die Schuld für den ausbleibenden Wirtschaftsaufschwung beim Föderalismus und dem Verhältniswahlrecht.

Das Deutsche Institut für Wirtschaftsforschung (DIW) kommentiert die hektische Betriebsamkeit aus der Sicht der Nationalökonomie: »In der aktuellen Diskussion um die Lösung der wirtschaftlichen Probleme und den Abbau der Arbeitslosigkeit in Deutschland fehlt es an Vorschlägen für eine Therapie freilich nicht. Diese Diskussion leidet eher an einem Mangel an Diagnose- denn an Therapievorschlägen. Inzwischen hat sich die Menge der vorliegenden ›Lösungsansätze‹ derart verselbständigt, daß die am weitesten verbreitete Klage die über einen ›Reform- und Modernisierungsstau‹ ist ... Dahinter steht offenbar die Vermutung, daß sich die Beseitigung der Arbeitslosigkeit quasi von allein einstellt, wenn der Staat und die Tarifpartner nur rasch möglichst viele ›Reformprojekte‹ abarbeiten. Das sind erstaunliche Vorstellungen. Was würde man wohl von einem Arzt halten, der ohne gründliche Diagnose des Patienten und ohne ausreichendes Wissen um die Wirksamkeit, die Nebenwirkungen und das Zusammenwirken der Medikamente empfiehlt, dem Kranken nur möglichst viele Medikamente einzuflößen, denn dann müsse sich früher oder später ein Erfolg ja einstellen.«[5]

Das neoliberale Modell befindet sich in der Krise. Jedenfalls können die Propagandisten dieses Modells in Deutschland Erfolge ihrer Therapie nicht nachweisen. Deshalb verweisen sie gern auf andere Länder, vornehmlich auf Großbritannien und die USA. Doch haben sie das Pech, daß in Großbritannien gerade eine Regierung abgelöst wurde, die mit dem Thatcherismus viel menschliches und soziales Leid über das Land gebracht hat und deren ökonomische Bilanz nur durch Schönfärberei positiv dargestellt werden konnte. Die USA liegen weiter weg. Die dortigen Verhältnisse kann man mit einer gehörigen Portion Propaganda offenbar als Modell darstellen.

Brainwashing bestimmt die Meinungsbildung – Brainwashing bestimmt die Politik

Die Krise der Bundesrepublik ist nicht nur die Krise ihrer Regierung. Ideologie statt Vernunft, Nachplappern statt Nachdenken, Manipulation statt Aufklärung, das sind die Kennzeichen unserer Gesellschaft und der Eliten, die die Meinung, die Stimmung und Politik prägen. Mit gutem Recht könnte man behaupten, daß mehr Desinformation als Information die öffentliche Diskussion und damit den Charakter unserer Gesellschaft bestimmt. Mehr als wirkliche Modernität bestimmt das Nachbeten dessen, was Mode ist, das Denken und die Wahrnehmung der Wirklichkeit. Gute Belege dafür sind die Interviews mit Unternehmensberatern und Managern. Es sind die immer gleichen Sprechblasen: Überbürokratisierung, zu langwierige Genehmigungsverfahren, Technikfeindlichkeit, Defizit an Dienstleistungen, Informationsgesellschaft, Umbau des Sozialstaates, Deregulierung, Privatisierung, Technikfeindlichkeit, Reformunfähigkeit, Modell Amerika usw. Selbst aufgeschlossene Wirtschaftsvertreter beten die formelhafte Wahrnehmung der Realität nach.

Wir sind meilenweit entfernt von der vielbeschworenen Informationsgesellschaft. Wir leben eher in einer Desinformations- und Nachplappergesellschaft. Wir sind täglich Opfer gezielter Manipulationsversuche und ausgeklügelter Kampagnen der Imageprägung, der Meinungsbeeinflussung und der Irreführung. Bewußtes, geplantes Brainwashing ist üblich.

Einige dieser Vorgänge sollen hier skizziert werden:

Erstens. Eines der krassesten und nachträglich bewiesenen Beispiele für Manipulation ist die Art und Weise, wie die Öffentlichkeit auf den Golfkrieg eingestimmt wurde. Um ein klares Freund-Feind-Schema zu erzeugen, sind ganz gezielt Bilder gestellt bzw. verfälscht worden. Mit Hilfe solcher Aufnahmen und mit Bildern von einem angeblich sauberen Krieg, fast ohne Tote und Blutvergießen, gelang es, in Deutschland die Stimmung für den sogenannten Landkrieg innerhalb weniger Wochen im Januar und Februar 1991 von 75 % Ablehnung zu etwa 75 % Zustimmung umzudrehen. Die Konsequenz dieser Kampagne war: 17 Milliarden DM zahlte die Bundesregierung an die USA für diese militärische Aktion, an der deutsche Einrichtungen wie Bundeswehr, Bundesbahn und Bundespost in vielfältiger Weise beteiligt waren.

Zweitens. Die Bundesregierung stellt die hohe Arbeitslosigkeit und Verschuldung sowie die sonstigen wirtschaftlichen Schwierigkeiten als eine Folge der Globalisierung und damit als von außen bestimmtes Schicksal dar. Erstaunlich viele Menschen, einschließlich namhafter Politiker der Opposition, glauben dies, obwohl zahlreiche ökonomische Fakten dafür sprechen, daß die wirtschaftliche Rezession und die damit einhergehenden zusätzlichen Haushaltsdefizite hausgemacht sind, in Deutschland und Europa. Auch Wirtschaftsforschungsinstitute wie das DIW sehen keinen nachweisbaren Zusammenhang zwischen der Globalisierung und dem Niveau der Arbeitslosigkeit in den Industrieländern.

Drittens. Es ist den Neokonservativen mit Unterstützung eines beachtlichen Teils der Medien gelungen, den Begriff Reform gleichzusetzen mit Abbau der sozialen Sicherung und einer Umverteilung zu Lasten der Mehrheit. Auch Deregulierung, Privatisierung, der Abbau des Kündigungsschutzes wird neuerdings Reform genannt. Typisch sind die Bildunterschriften im »SPIEGEL« vom 3. August 1997 zum Thema Steuerreform: *Reformer Waigel ... Reformgegner Lafontaine*. Die Linke hat sich einen ganz wichtigen Begriff stehlen lassen, da sie nicht offensiv und geschlossen für die nach ihrem Verständnis notwendigen Reformen eingetreten ist: für eine Reform des Steuersystems nach ihren Vorstellungen einschließlich einer behutsamen, aber klaren Vorgabe einer Ökosteuer, für eine ökologisch und sozial bestimmte Reform der EU-Agrarpolitik, die die Bundesrepublik Deutschland allein im Jahre 1995 rund 50 Milliarden DM kostete, für eine Reform des Boden- und Beamtenrechts usw.

Viertens. Erstaunlich viele Menschen sind davon überzeugt, die »Blockadepolitik« der Opposition sei verantwortlich für die hohe Arbeitslosigkeit und die schwache Konjunktur. Die Regierung bemüht sich nicht einmal mehr, den Wirkungszusammenhang zwischen ihrer Steuerreformkonzeption und dem Abbau der Arbeitslosigkeit zu belegen. Diese von einem Heer von Multiplikatoren und von Medien wiederholte Propaganda läuft rein assoziativ.

Der Steuerreform wurde von der Fachwelt keine große beschäftigungspolitische Bedeutung zugemessen. Im April 1997 äußerten sich in diesem Sinne politisch so unterschiedlich orientierte Institute wie das Rheinisch-Westfälische Institut (RWI), das Deutsche Institut für Wirtschaftsforschung (DIW) und das Mannheimer Zentrum für europäische Wirtschaftsforschung. Letzteres schätzt, daß die »intendierten positiven Beschäftigungswirkungen kaum spürbar sein werden«[6]. Die Wertungen des RWI und DIW waren ähnlich hart.

Fünftens. Mit einer geschickten Kampagne hat man in den Köpfen vieler Menschen verankert, die hohe Belastung an Steuern und Lohnnebenkosten sei die Folge eines zu üppigen Sozialstaates. Damit hat man die wahren Ursachen der explodierenden Verschuldung und der hohen Lohnnebenkosten verschwiegen: der verkorkste Prozeß der Wiedervereinigung, die ca. 30 Milliarden Mark an versicherungsfremden Leistungen, die zu Unrecht von der Arbeitnehmerschaft getragen werden müssen, die hohe Arbeitslosigkeit und die großzügigen Vorruhestandsregelungen, die die Sozialkassen auszehren.

Die Folge ist, daß bis weit in linksliberale Kreise hinein geglaubt wird, ohne Umbau des Sozialstaats, womit in Wirklichkeit Abbau gemeint ist, gehe es nicht mehr aufwärts.

Politische Entscheidungen, so das Fazit, orientieren sich weniger an der Wirklichkeit und den Bedürfnissen der Menschen und mehr an dem, was von interessierten Kreisen an

Meinung über die Wirklichkeit gemacht, mit viel Geld gesponsert und gesteuert wird. Die Manipulation ist eine feste Größe in der Politik geworden. Dies erklärt auch zu einem beachtlichen Teil das »politische System« und die große Aufholfähigkeit Helmut Kohls, der schon so oft als geschlagen galt. Von ihr wird noch zu reden sein.

Fazit: Ein Anschlag auf die demokratische Willensbildung

Wir schätzen an der Demokratie, daß sie uns, gemessen an anderen Formen der politischen Organisation, ein optimales Maß an Freiheit verleiht. Wir nehmen an, im demokratischen Wettbewerb, im Streit der Parteien und im kritischen Dialog mit Bürgern, Fachleuten und Wissenschaftlern würden die für das Gemeinwohl besten Ideen und Lösungen erreicht. Aber genau dieser sach- und lösungsorientierte Wettbewerb funktioniert nicht mehr, wenn mächtige Gruppen und Personen bestimmen können, was andere denken – unabhängig davon, was sachlich und fachlich richtig und notwendig ist. Wird z. B. die von Interessen gelenkte Botschaft, der Sozialstaat sei für den wirtschaftlichen Niedergang und die hohe Verschuldung unseres Staates verantwortlich, kritiklos akzeptiert, dann ist das System demokratischer Meinungsbildung nachhaltig gestört.

Ist die demokratische Willensbildung eingeschränkt, werden keine für die Gesamtheit optimalen politischen Entscheidungen getroffen. Auch Orientierungslosigkeit und Politikverdruß, die inzwischen an den Nerv der Demokratie rühren, sind eine Folge unzureichender politischer Willensbildung. Das demokratische System leidet unter dem Eindruck der Ineffizienz und verliert deshalb Ansehen. Aufmerksame Bürger aus den neuen Bundesländern empfinden gerade dieses Demokratiedefizit als besonders bedrückend.

Mit diesem Demokratiedefizit eng verknüpft ist die Erfahrung, daß linke und rechte Regierungen asymmetrisch bewertet werden. Linke Parteien müssen sehr viel besser sein, um Gnade bei den Wählen zu finden. Rechte können sich vieles leisten, bevor Sanktionen greifen. Für diesen gestörten Wettbewerb gibt es eine Reihe von guten Beispielen:

– Seit der Wende ist die Geburtenrate in Ostdeutschland um mehr als 60 % gesunken und hat damit den niedrigsten Stand der Welt erreicht. Kaum jemand regt sich darüber auf. Als die Zahl der Geburten Mitte der 70er Jahre in Westdeutschland zurückging – man nannte das zu Recht den Pillenknick –, fand die CDU/CSU große Resonanz mit ihrer Kampagne, die Deutschen stürben aus.
– Da deutschen Großunternehmern Willy Brandts Reform- und Wirtschaftspolitik nicht paßte, veröffentlichten sie 1971 ganzseitige Anzeigen mit der Überschrift: »Wir können nicht länger schweigen« und beklagten den wirtschaftlichen Niedergang. In jenem Jahr wuchs die deutsche Wirtschaft real um 3,1 % und auch in den folgenden zwei Jahren um 4,3 und um 4,7 %. Das war eine der besten Dreijahresperioden in der ganzen Nachkriegsgeschichte. – Wo bleiben heute die Anzeigen der Arbeitgeberverbände gegen Kohl und Waigel?
– Als Helmut Schmidt Kanzler war, hat die damalige Opposition aus CDU und CSU mit Unterstützung aus Wirtschaft und Medien lauthals angeprangert, daß Bundesbankgewinne für den Haushalt eingesetzt wurden. Heute kassiert Bonn diese Gewinne ganz selbstverständlich und wertet die Devisenbestände sogar auf, damit diese Gewinne steigen.

Solche Einseitigkeit müßte eigentlich alle Demokraten beunruhigen. Schließlich gründet eine lebendige Demokratie auf objektiver Information und der Selbstverständlichkeit eines Machtwechsels, wenn die Regierenden abgewirtschaftet haben.

Politikverdrossenheit und Desinteresse hilft konservativen Regierungen

Gerade die Menschen, die am meisten unter den Schnitten ins soziale Netz und unter der Stagnation der Realeinkommen leiden, neigen zur Resignation. Sie machen alle Parteien für ihre desolate Lage verantwortlich. Sie ziehen sich zurück, statt die Regierenden zu »bestrafen«. Der kontinuierliche Rückgang der Wahlbeteiligung, insbesondere der sozial schwachen Schichten, hier wie in den USA, ist ein alarmierendes Indiz dafür. Nach einer Umfrage von 1996 wollen nur 4 % der Gutgesicherten, aber 25 % jener, die meinen, sie seien schlecht gegen Lebensrisiken wie Krankheit, Alter und Arbeitslosigkeit abgesichert, **nicht** zur Wahl gehen; 35 % dieser Gruppe der schlecht Gesicherten würden SPD, 20 % CDU/CSU wählen.[7] Der Rückzug vieler Menschen aus der elementaren politischen Beteiligung hilft letztlich also der amtierenden Regierung. Das weiß sie, und sie setzt darauf. Die Mobilisierung der von der Politik enttäuschten Schichten ist deshalb eine wichtige Aufgabe jener, die die Regierung ablösen wollen.

SPD und BündnisGrüne unter Anpassungsdruck

SPD und BündnisGrüne müssen nicht nur bei den Wählern unter wettbewerbsungleichen Bedingungen mit den Neokonservativen konkurrieren. Sie sind auch ständigen Versuchen ihrer politischen Konkurrenz, der Medien und anderer Interessierter ausgesetzt, ihre innerparteiliche Willensbildung zu beeinflussen.

Jede Partei muß auf neue Strömungen, neue Gegebenheiten und eine veränderte Welt reagieren, da und dort auch kompromißbereit sein. SPD und BündnisGrüne haben sich in den vergangenen Jahren jedoch weit mehr als notwendig und ihrem Charakter und ihrer Aktionsfähigkeit zuträglich auf konservative Positionen eingelassen: In ihrer Haltung beispielsweise zu Deregulierung und Privatisierung, zu NATO-Osterweiterung und Militäreinsätzen, zur Medienpolitik und zur Änderung der Asylgesetzgebung, zur Abschaffung der Gewerbekapitalsteuer und zur bemannten Weltraumfahrt. Der Vorwurf der Technologiefeindlichkeit wurde und wird von den politischen Gegnern der SPD mit großer Lust als Disziplinierungsinstrument eingesetzt.

In wichtigen Feldern der Politik wird heute nicht genügend deutlich, was die SPD eigentlich will: Will sie die ökologische Erneuerung oder nicht? Will sie Gentechnologie oder nicht? Will sie überdimensionierten Straßenbau oder nicht? Will sie den Transrapid oder nicht? Will sie die bisherige gesetzliche Altersversorgung erhalten und reformieren, oder setzt sie auf Grundsicherung und private Vorsorge? Hält sie die Vollbeschäftigung trotz aller Schwierigkeiten für ein erstrebenswertes Ziel oder nicht?

Beim Versuch der Fremdbestimmung setzen die Neokonservativen erkennbar auf innerparteiliche Ränkespiele in der SPD. Wer sich anpaßt, wird öffentlich belobigt und so mit kurzfristig höherer Popularität bei der gesamten Wählerschaft belohnt.

In den Reihen der BündnisGrünen ist der neokonservative Anpassungsdruck ähnlich deutlich zu spüren. Joschka Fischer und Antje Vollmer stehen in Sachen NATO für überparteilichen Konsens; Fischer rühmt Biedenkopfs Ansatzpunkte in Sachen Rentenreform und hat sich der These vom Ende des Generationenvertrags offenbar genähert; ähnlich auch Tom Koenigs, Landeschef der Grünen in Hessen; Marie-Luise Beck hält wie die Bonner Koalition nichts mehr vom Vollbeschäftigungsziel und Beschäftigungsprogrammen usw …

Der Anpassungsdruck auf SPD und BündnisGrüne zielt nicht nur auf die inhaltlichen Positionen, sondern auch auf die Formulierung politischer Strategien und die Bereitschaft, die gesellschaftlichen Verhältnisse ehrlich und radikal zu analysieren. Auch hier gilt: Wer die Machtverhältnisse in Deutschland schonungslos beschreibt, wer den reaktionären Charakter der unsozialen Einkommensumverteilung der christdemokratischen Steuerreformvorschläge anprangert und die Bundesregierung scharf attackiert, der muß mit massivem Druck rechnen.

Das Profil gerade der SPD hat in den letzten Jahren deutlich gelitten. Zum Schaden kommt der Spott: Die Konservativen und die mit ihnen verbundenen Wissenschaftler sprechen von der Sozialdemokratisierung der CDU. Das ist eine erstaunliche Chuzpe, wenn man sich vergegenwärtigt, wie weit sich CDU und CSU von ihren Wurzeln im sozialen Katholizismus und dem sozial geprägten Ahlener Programm entfernten. Was wir tatsächlich seit Jahren feststellen, ist nicht eine Sozialdemokratisierung der CDU, sondern eine schleichende Christdemokratisierung wichtiger Teile der SPD und der BündnisGrünen.

Die skizzierte Wetterwendigkeit der SPD kontrastiert deutlich mit einer bewundernswerten Substanz vieler ihrer noch aktiven Mitglieder, die von »Modernisierern« außerhalb und innerhalb der Partei verächtlich Funktionäre genannt werden. Für die SPD wäre es – noch – kein unlösbares Problem, mit einem klaren Profil das Engagement dieser Menschen für die kommende Wahlauseinandersetzung zu gewinnen. Sie brauchen Signale, um ihre innere Resignation zu überwinden.

Das Versagen des kritischen Bürgertums

Der französische Soziologe Pierre Bourdieu hat bemerkt, die deutschen Intellektuellen seien seltsam schweigsam geworden. Das gilt nicht für alle: Dieter Hildebrandt, Friedrich Schorlemmer, Günter Grass und die Unterzeichner der Erfurter Erklärung z. B. haben sich ihre kritische Distanz bewahrt. Die Stellungnahme der Kirchen zur wirtschaftlichen und sozialen Lage in Deutschland vom Februar 1997 zeigt, daß in diesen Kreisen noch eine unabhängige Meinungsbildung spürbar ist. Aber im Kern hat Bourdieu recht. Ein großer Teil der intellektuellen Elite hat sich der neokonservativen Hegemonie der Rechten gebeugt oder schweigt. Das kritische Bürgertum ist seltsam stumm und angepaßt. Richard von Weizsäcker spricht von »intellektueller Schläfrigkeit«.

Auch aufgeklärte und gebildete Bürger passen sich dem allgemeinen Sprachgebrauch an und übernehmen den begrenzten Denkrahmen der neokonservativen Klischees, die sie in ihren Blättern und Magazinen immer wieder lesen können: Die Steuerreform sei Voraussetzung für Arbeitsplätze; der Generationenvertrag ließe sich nicht mehr halten; die Globalisierung erzwinge den Umbau des Sozialstaates; der Ladenschluß sei ein Ladenhüter und seine Aufhebung schaffe Arbeitsplätze; die Produktivität sei so hoch, daß ein Großteil der Menschen für die Produktion nicht mehr gebraucht werde.

Intellektuelle ohne ökonomische Kenntnisse sind besonders anfällig für Vorurteile, die die neokonservative Wirtschaftswissenschaft verbreitet. Das hat wegen der großen Rolle, die die Debatte um wirtschaftliche Fragen spielt, große Folgen.

Manche Gesellschaftstheoretiker haben die Lust am gruppenbildenden Jargon von der 68er-Bewegung übernommen: Moderne, die Zweite Moderne, Individualisierung, Dienstleistungsgesellschaft, Risikogesellschaft, Informationsgesellschaft – alle diese Versuche, Realität in Schlagworten einzufangen, erinnern quälend an jene Zeiten, als die damaligen Wortführer meinten, mit Sprüchen wie »Systemverändernde Reformen«, »Brechung des Leistungsprinzips« oder »Vergesellschaftung« irgend etwas erklären zu können oder gar Problemlösungen zu beschreiben.

Ein bemerkenswertes Phänomen ist die Ich-Bezogenheit derjenigen, die sich als »Elite« verstehen. Sie beurteilen die

Welt aus der eigenen Sicht: Die Steuerreform ist gut, weil sie ihnen nützt; die Auflösung der sozialen Rentenversicherung ist gut, weil sie selbst nicht darauf angewiesen sind; ungesicherte Arbeitsverhältnisse sind im Zeichen der Flexibilisierung wohl nötig, aber nur für die anderen usw. Und wenn sie behaupten, uns geht's noch viel zu gut und unsere Bedürfnisse seien doch weitgehend gesättigt, dann meinen sie nicht sich selbst, sondern die Einkommensschwächeren, deren wirkliche Lebensumstände, deren Einkommenslage oder Streß am Arbeitsplatz sie in der Regel nicht kennen. Sie beklagen, die Arbeitnehmer hielten an ihren Besitzständen fest, und werfen ihnen vor, ihr Kampf um soziale Errungenschaften sei archaisch. Bourdieu diagnostiziert treffend für Frankreich: »Da gab es Journalisten, die für die Leitung einer Debatte soviel verdienten, wie ein Eisenbahner im Monat und ihm dann vorwarfen, daß er an Privilegien festhalte.«[8] Mit dem, was »Eliten« auszeichnen sollte, wenn man diesen Begriff überhaupt gebrauchen will, hat eine solche Lebens- und Politikauffassung nichts zu tun.

Der Niedergang von Wissenschaft und Publizistik als kritischer Instanzen

Wissenschaft ist eine aufklärerische Instanz, unabhängig, sie arbeitet empirisch, so denkt man.

Zahlreiche Wissenschaftler werden diesen Kriterien gerecht, ihre Arbeit soll durch die folgenden kritischen Anmerkungen nicht ins schiefe Licht geraten, im Gegenteil, ihre Analysen sind die Basis, auf der eine sachverständige Diskussion der unbestreitbar schwierigen Probleme unserer Zeit aufbauen kann. Aber andere treten mit dem Anspruch der Wissenschaftlichkeit auf und verkünden doch nur ihre eigenen, schichtenspezifischen Vorurteile oder die Parolen der Lobby, für deren Interessen sie sich einspannen lassen.

Daß Interessengruppen versuchen, Wissenschaftler für ihre Anliegen einzuspannen, ist verständlich. Der ADAC, die Spediteure und die Automobilindustrie z. B. versuchen, angesehene Professoren und unabhängige Experten über die Vergabe von Gutachten und Forschungsaufträgen zu Meinungsäußerungen in ihrem Sinne zu veranlassen. So griffen gleich mehrere Professoren mit seltsamen Beiträgen über den sogenannten externen Nutzen des Straßenverkehrs in eine heiße Debatte um die Internalisierung der externen Kosten des Verkehrs in Europa ein.

Ganz im Sinne der Versicherungswirtschaft verlautbaren Wissenschaftler, der Generationenvertrag funktioniere nicht mehr und vor allem für junge Leute sei eine private Lebensversicherung unabdingbar. Die Atomenergiewirtschaft schaltet Anzeigen, in denen renommierte Wissenschaftler für die Kernenergie werben. So erklärt der Professor für Ökonomie Dr. Carl Christian von Weizsäcker in Anzeigen des »Informationskreises Kernenergie« vom Juli 1997, die Entsorgung dürfe nicht weiter blockiert werden. Er sei nach Abwägung aller Umstände davon überzeugt, daß unser Entsorgungskonzept auch in bezug auf spätere Generationen verantwortbar sei. Diese mit der Autorität der Wissenschaft vorgetragene persönliche Meinung eines Wirtschaftswissenschaftlers teilen viele Naturwissenschaftler nicht.

Manchmal schweigen Wissenschaftler auch einfach, um Einzelinteressen zu wahren. So hatte die Medienwissenschaft schon Jahre *vor* der Einführung des kommerziellen Fernsehens den Zusammenhang von Kommerzialisierung, Gewaltdarstellung und Abbau von Barrieren der Gewalt im Alltag erforscht. Sie hat lange Zeit dazu geschwiegen oder diese Zusammenhänge bestritten, wohl auch, weil sie z. T. von den Gutachten lebt, die die Medienwirtschaft vergibt. Die großen Medienkonzerne haben kein sonderliches Interesse an einer öffentlichen Diskussion über die Auswirkungen von Vielfernsehen und Gewaltdarstellungen auf Kinder und Jugendliche.

Die Abhängigkeiten und Verflechtungen werden auch durch die Situation der Hochschulen gefördert. Geld ist knapp, die Notwendigkeit, Drittmittel werben zu müssen, zwingt dazu, Aufträge von Wirtschaft und Verbänden anzunehmen. Häufig ist das nur möglich, wenn sich die Wissenschaft anpaßt. Für die Beratung von Lebensversicherern und Wohnungsbaugesellschaften gibt es allemal mehr Geld als für Studien über Armut oder die soziale Lage der Menschen in den ostdeutschen Ländern.

Das Schwimmen im Mainstream ist unter diesen Bedingungen eher eine Garantie für beruflichen Erfolg als wissenschaftliche Unabhängigkeit. Das gilt leider auch für ein so wichtiges Gremium wie den Sachverständigenrat zur Begutachtung der gesamtwirtschaftlichen Entwicklung. In Einlassungen des Vorsitzenden dieses Gremiums, Professor Herbert Hax,[9] finden sich z. B. die Fehl- und Vorurteile, die wir aus der wirtschafts- und finanzpolitischen Diskussion kennen: Die Steuerreform helfe gegen Arbeitslosigkeit, die Lohnkosten müßten gesenkt werden, die Steuer- und Abgabenquote sei zu hoch, das müsse dringend geändert werden – kein Wort zu den Ursachen, die ja etwas mit der deutschen Einheit und der Arbeitslosigkeit zu tun haben. Erwartungsgemäß polemisiert Professor Hax gegen die Sozialhilfe. – Das ist nur ein Beispiel von vielen Äußerungen namhafter Nationalökonomen, die sich eher als Propagandisten einer bestimmten, im Mainstream liegenden Theorie verstehen denn als unabhängige Wissenschaftler. Gerade die ausschließliche Hinwendung zur modischen Angebotsökonomie zeigt die Verengung wirtschaftswissenschaftlichen Denkens.[10]

Einige wenige Ökonomen und wirtschaftswissenschaftliche Institute in Deutschland haben in der Standortdebatte die Stimme der Vernunft erhoben, etwa darauf hingewiesen, daß Exportüberschüsse oder Lohnstückkostenvergleiche darauf hindeuten, daß hier ein Wettbewerbsproblem herbeigeredet wird und daß die Entwicklung hin zur Globalisierung und vor allem die angeblich daraus folgende Beeinträchtigung der politischen Gestaltungschance weit übertrieben wird. Deutschland ist seit langem in den Weltmarkt eingebunden. Ganze Industriezweige wie etwa die Schuh- und Lederwarenindustrie, die Bekleidungsindustrie und die Fotoapparat-Fertigung wurden in den 60er und 70er Jahren von der Globalisierung dezimiert.

Auch Sozialwissenschaftler übernehmen Begriffe wie »Globalisierung« oder »Gesellschaft ohne Arbeit«, ohne diese auf ihre Substanz hin zu untersuchen. Der Soziologe Ulrich Beck und viele andere bedienen sich dieses pseudoökonomischen Jargons, um nachzuweisen, wir alle lebten »jenseits der Erwerbsgesellschaft« in einer »Zweiten Moderne«[11], der Kapitalismus schaffe die Arbeit ab.[12] Diese Behauptungen werden nicht durch Fakten untermauert, aber sie stehen in den Feuilletons aller großen Tages- und Wochenzeitungen und prägen Meinungen.

Eine der geläufigen Thesen ist die Behauptung, die Produktivität steige in einem solchen Ausmaß, daß ein Großteil der Menschen für die Produktion nicht mehr gebraucht werde. Diese heute auch in linken Kreisen weit verbreitete Meinung ist weder schlüssig noch mit Fakten belegbar. Es gab in den 60er und 70er Jahren Perioden mit viel höheren Produktivitätszuwächsen als heute: Zwischen 1969 und 1973 nahm die Produktivitätsentwicklung durchschnittlich um 4,82 % zu, die Arbeitslosenquote schwankte damals um 1 %, und zwischen 1991 und 1995 stieg die Produktivität nur um 3,04 %, aber die Arbeitslosenquote lag zwischen 7,3 und 10,6 %. Nichts spricht dafür, daß die Produktivitätsentwicklung an der Arbeitslosigkeit schuld ist. Dennoch werden darauf wissenschaftliche Theorien und umbrechende gesellschaftspolitische Vorstellungen aufgebaut.

	Produktivität je Erwerbstätigenstunde[13]	Arbeitslosenquote jeweils in %
1965	+5,8	0,7
1966	+4,2	0,7
1967	+3,7	2,1
1968	+5,1	1,5
1969	+6,6	0,9
1970	+4,1	0,7
1971	+3,9	0,8
1972	+4,8	1,1
1973	+4,7	1,2
1974	+2,8	2,6
1975	+2,9	4,7
1976	+4,7	4,6
1977	+3,6	4,5
1978	+3,2	4,3
1979	+3,1	3,8
1980	+0,1	3,8
1981	+0,9	5,5
1982	+0,4	7,5
1983	+3,4	9,1
1984	+2,9	9,1
1985	+2,1	9,3
1986	+1,8	9,0
1987	+2,1	8,9
1988	+3,6	8,7
1989	+2,9	7,9
1990	+3,5	7,2
1991	+3,7	6,3
1992	+2,9	8,5
1993	+1,6	9,8
1994	+3,3	10,6
1995	+2,7	10,4

Zum vorschnellen Schluß, die (angeblich) hohe Produktivität mache die Menschen arbeitslos, kommen vermutlich viele deshalb, weil sie die für einen Betrieb und einen Wirtschaftszweig geltende Erfahrung auf die gesamte Volkswirtschaft übertragen. Sie beobachten, wie z. B. in einem Automobilwerk Roboter Menschen ersetzen, sie sehen, wie Banken und Versicherungen mit Hilfe moderner Informationstechniken rationalisieren und eine große Zahl von Arbeitskräften einsparen, und übertragen diese Erfahrung auf die gesamte Volkswirtschaft. Dabei übersehen sie, daß andere Wirtschaftszweige wachsen, daß z. B. zugleich die Produktion von Robotern und Software überproportional steigt und dort Arbeitskräfte gebraucht werden, genauso wie im Dienstleistungssektor. Sie kalkulieren auch nicht ein, daß noch mehr Arbeitskräfte gebraucht würden, wenn endlich wieder eine expansive Konjunkturpolitik betrieben würde, wenn endlich die realen Einkommen der breiten Schichten unseres Volkes wieder wachsen würden.

Rasante strukturelle Veränderungen gab es in allen modernen Volkswirtschaften. In der Literatur des 19. Jahrhunderts findet man Beispiele für radikale Umbrüche, bei den Webern, bei den französischen Bergwerken, in der Landwirtschaft. Das war immer verbunden mit Anpassungsproblemen, mit großen gesellschaftspolitischen Problemen. Daß aber ein Teil der Wissenschaft daraus den Schluß zog, die Arbeit gehe aus, das ist neu.

Der Glaube, die Produktivitätsentwicklung sei schuld an Arbeitslosigkeit, wird aus alten Quellen genährt. Da schwingt die Vorstellung mit, der Kapitalismus komme irgendwann an die Grenzen der Überproduktion und Sättigung. Daß tatsächlich die meisten, gerade die einkommensschwächeren Gruppen, noch große Bedürfnisse haben, wird nicht beachtet. Hier geht eine Wirtschaftstheorie und die darauf aufbauende Wirtschaftspolitik, die voller Bewunderung für einen ungesteuerten Kapitalismus ist, zusammen mit einer alten

Wirtschaftsphilosophie, die immer schon beweisen wollte, daß Markt und Wettbewerb nicht funktionieren können. Neoliberale Angebotstheoretiker und Altmarxisten in einem Boot – eine interessante Kombination! Auf der Strecke bleibt eine Wirtschaftspolitik, die unideologisch offen ist für alle möglichen hilfreichen Instrumente. Auf der Strecke bleibt der politische Wille, Vollbeschäftigung zu erreichen. Dieses Ziel aufzugeben ist sachlich falsch, verheerend in der Wirkung auf die Lebens- und Einkommenslage der Arbeitnehmerschaft und ein Geschenk des Himmels an die Neokonservativen. Sie können sich zurücklehnen. Wenn die politische Linke meint, Vollbeschäftigung sei weder erreichbar noch Ziel, dann wird die Regierung Kohl künftig weder für die Arbeitslosigkeit noch für ihre Folgen verantwortlich gemacht werden können, auch nicht für die stark ansteigende Jugendkriminalität, die aus der Perspektivlosigkeit der Arbeitslosigkeit folgt. Damit verdanken wir einer Sozialwissenschaft, die gängige Schlagworte dem Nachdenken vorzieht, eine neue Hürde auf dem Weg zur politischen Wende.

Das langsame Verschwinden kritischer Publizistik[14]
Die Neigung, sich dem konservativen Geist unserer Zeit zu beugen, ist auch in den Medien feststellbar. Die Topoi neokonservativen Denkens bestimmen in weitem Maße die Kommentare in Zeitungen, im Rundfunk und im Fernsehen. Es gibt heute nur wenige Medien mit oftmals geringer Verbreitung, die erkennbar eine Gegenphilosophie zum Mainstream unterstützen. Viele Journalisten sind eigenartig »einfarbig«. Die schon erwähnten Glaubenssätze über Globalisierung und den Sozialstaat, über Privatisierung, Modernisierung und Steuerreform sind millionenfach weitergetragen worden.

Auffällig ist, daß selbst der »SPIEGEL« in neokonservatives Fahrwasser geraten ist. Seine Verdienste um die bundesdeutsche Demokratie sind unstrittig, er pflegt in Teilen immer noch ein aufklärerisches Selbstverständnis. Seit einiger

Zeit jedoch prägt das Nachrichtenmagazin aktiv den »modernistischen« Zeitgeist mit und macht Stimmung gegen linksliberale Denkansätze, vor allem gegen die Sozialstaatlichkeit, durch Berichte über die »Musterländer« USA, Großbritannien und die Niederlande; mit ironischen Reportagen über die Besuche von deutschen Sozialdemokraten in solchen Ländern. Symptomatisch ist ein Artikel über das Treffen der europäischen Sozialisten in Malmö. Dessen Stil ist typisch: Jospin ist ein »staatssozialistischer Oldtimer«; die Franzosen werden des »Rückgriffs in die Rüstkammer sozialdemokratischer Wohlfahrtsstaaterei« geziehen; von der »letzten Beschwörung der traditionellen Parolen«, von »Gefühlssozialismus«, vom Drücken vor der »Neuorientierung« und von »Klassenkampfparolen aus dem Lafontaine-Tross« ist die Rede; vom »sozialistischen Sumpf«, von der Wahl zwischen »altmodisch« und »zukunftsweisend«, von der Entscheidung zwischen Tradition oder Neuanfang. Das sind ausnahmslos Zitate aus einem Artikel des »SPIEGEL« (24/1997). Sprache und gewandeltes Erscheinungsbild des Nachrichtenmagazins sind typisch für die Änderung der Medienlandschaft.

Entgegen einer verbreiteten Schutzbehauptung über Rotfunk und angeblich linke Blätter haben abweichende Meinungen nur geringe Chancen, sich in den Medien Gehör zu verschaffen. Schuld an dieser Medienbarriere ist neben dem schon analysierten Brainwashing und der Hegemonie neokonservativen Denkens auch die Medienkonzentration, also die fast unkontrollierte Herrschaft weniger Konzerne über einen Arbeitsmarkt, der von einem Überangebot gekennzeichnet ist. Rein unternehmerische Interessen haben mehr denn je auch im Medienbereich Fuß gefaßt. Der an demokratischer Öffentlichkeit interessierte und sich dafür engagierende Verleger ist ein Traumbild aus der Vergangenheit. Verleger sind Unternehmer wie andere auch und Verlage häufig kapitalverflochten mit ganz anderen wirtschaftlichen Tätigkeiten. Ein erheblicher Auflagenrückgang bei Zeitungen und

Zeitschriften macht sie geneigt für die Anliegen ihrer Anzeigenkunden.

Die kommerziellen Sender, aber nicht nur sie, sind ohnehin an einer guten Zusammenarbeit mit der werbetreibenden Industrie interessiert und öffnen ihre Kanäle bereitwillig für PR und Sponsoring. Bei den öffentlich-rechtlichen Sendern hat der Kampf um Einschaltquoten zu einer Verflachung des Programms beigetragen und so die Vielfalt an kritischen Stimmen, die früher z. B. die ARD auszeichnete, schrumpfen lassen. Kommerzielle Rundfunk- und Fernsehsender spielen in der kritischen Beobachtung politischer und gesellschaftlicher Realität, von einigen Ausnahmen abgesehen, ohnehin eine geringe Rolle. Immer seltener richten die Journalisten ihren Blick hinter die Kulissen politischer Entscheidungen und klären über Manipulationsvorgänge auf.

60 % der Fernsehnutzung aller Deutschen fallen auf Fiktion- und Unterhaltungssendungen.[15] Die Zersplitterung in viele Programme verringert die Gelegenheit, daß Menschen miteinander über das Gesehene sprechen und diskutieren, wenn sie sich treffen.

Dieser Verlust an kritischer Öffentlichkeit macht es neokonservativen Kreisen relativ leicht, ihre Interessen durchzusetzen. Diese Vorgänge gehen an das Mark unserer Demokratie und erschweren einen Regierungswechsel – wenn sich nicht genug Bürger finden, die bereit sind, sich aktiv für die Diskussion über einen neuen Weg zu engagieren.

Es macht wenig Sinn, die Schuldigen für den Rückgang an kritischem Potential nur bei den Medien festzumachen. Dafür ist die Opposition mitverantwortlich. Wenn die politische Linke nur ein schwaches eigenes Profil zeigt, wenn sie keine vernünftige und offensive Gegenposition zur konservativen Hegemonie formuliert und nicht präzise sagt, wohin sie dieses Land und Europa führen will, kann sie auch von Journalisten und Medienunternehmen kaum Orientierung in ihrem Sinne erwarten.

Die bisher beschriebenen Hürden für den Wechsel in Bonn bedingen und beeinflussen sich gegenseitig

Das war nun nicht gerade eine ermutigende Skizze der politischen Verhältnisse in unserem Land und der Widerstände gegen den notwendigen Wechsel in Bonn. Aber:

So wie sich die skizzierten Schwierigkeiten bisher gegenseitig verstärken, so könnte es auch umgekehrt gehen: Eine SPD, die ein klares Profil zeigt, kann die für Kritik aufgeschlossenen Bürger mitreißen und auch der Publizistik Ansatzpunkte bieten. – Eine Wissenschaft, die sich auf ihre Unabhängigkeit besinnt, kann in diesen ökonomisch schwierigen Zeiten Wege zur Lösung dringlicher Probleme aufzeigen. – Wenn Bürger nicht mehr alles glauben, was ihnen vorgesetzt wird, und darüber mit anderen reden, wird es für Interessengruppen nicht mehr so einfach sein, die öffentliche Meinung zu manipulieren.

An dieser Möglichkeit zur verstärkenden Aufwärtsbewegung müßte eine Bürgerbewegung ansetzen, als Kristallisationspunkt und Katalysator, um Mißmut und Orientierungslosigkeit zu überwinden.

Der Bundespräsident greift ein und daneben

Auch der Bundespräsident spürt offenbar die Orientierungslosigkeit. Im Berliner Luxushotel Adlon hat Roman Herzog Ende April 1997 eine vielbeachtete Grundsatzrede gehalten, die in den meisten Medien mit Zustimmung aufgenommen worden ist. Erst zwei Monate später wurde sie deutlich kritisiert. Interessanterweise kam die Kritik vor allem von Naturwissenschaftlern, die sich anscheinend die nötige Distanz zu den gängigen Parolen bewahrt haben.

Seltsam ist schon, daß ein Politiker, der als Landesminister, Mitglied der seit 15 Jahren regierenden Partei CDU/CSU und Bundesverfassungsrichter für viele Entwicklungen in diesem Land mitverantwortlich ist, dem Volk, und nicht seiner Partei, die Leviten liest – »unverblümt«, wie in den Zeitungen zu lesen war.

Interessant ist der Ort der Standpauke: Ein neu aufgebautes Luxushotel in Berlin, unweit der Friedrichstraße, die inzwischen viele Nobelgeschäfte und -hotels beherbergt. Die großen Banken haben in dieser Gegend prächtige Filialen. Dort ruft der erste Mann im Staat vor einer exklusiven Gesellschaft von Gutverdienenden dazu auf, den Gürtel enger zu schnallen. Reform, das heißt auch für den Bundespräsidenten in der Konsequenz Sozialabbau.

Der Bundespräsident hat sich mit seiner Rede in die parteipolitische Auseinandersetzung eingemischt: »Kaum eine Anstrengung zur Reform, die nicht sofort als ›Anschlag auf den Sozialstaat‹ unter Verdacht gerät.« Das ist eine klare Parteinahme zugunsten der regierenden Kreise, gegen jene gerichtet, die die soziale Sicherung für ein wichtiges Fundament gerade eines modernen Staates halten und existentiell darauf angewiesen sind.

»Wann finden Arbeitnehmer und Gewerkschaften endlich die Kraft zu Abschlüssen, die Neueinstellungen möglich machen?« fragt der Bundespräsident scheinbar neutral. Aber gemeint sind die Gewerkschaften und die Arbeitnehmer. Sollen sie noch maßvoller sein als bisher? Roman Herzog weiß offenbar nicht, daß die Einkommen der Arbeitnehmer seit 15 Jahren stagnieren, während Gewinne und Zinseinkommen explodieren; er ignoriert ganz einfach, daß wir gerade deshalb ein Kaufkraftproblem haben und für neue Arbeitsplätze bei den vielen kleinen und mittleren Betrieben, die für den heimischen Markt produzieren und dienstleisten, gerade eine Stärkung der Massenkaufkraft notwendig wäre.

Auch Herzogs Versuch, alle Parteien für die Misere von heute verantwortlich zu machen, liegt, bewußt oder unbewußt, ganz auf der Linie der sich abzeichnenden Strategie Kohls, die Opposition für den Mißerfolg seiner Regierung in

Haft zu nehmen. Es wird jetzt die Botschaft gesät, wir seien allesamt Sünder, in der aktuellen Auseinandersetzung ergänzt um den Vorwurf, SPD und BündnisGrüne blockierten notwendige Reformen, damit am Ende gelernt ist, die Opposition sei wegen ihrer Blockadepolitik schuld an dem Scherbenhaufen, vor dem wir heute stehen. Der Bundespräsident hat sich in diese für den Wahlkampf Kohls wichtige Agitation einbauen lassen. Das ist bedauerlich und tut seinem Amt nicht gut. Vor allem aber haben die Herzog-Rede und die Reaktion darauf gezeigt, daß die »kleinen Leute« in Deutschland keinen politischen Anwalt mehr haben und daß es höchste Zeit ist, daß sich SPD und BündnisGrüne wieder darauf besinnen.

Zu den wirklichen Problemen unseres Landes, den wahren Ursachen des wirtschaftlichen Niedergangs, dem extremen Anstieg der Verschuldung, der daraus folgenden Belastung künftiger Generationen und zur Orientierungslosigkeit vieler Menschen sagt Herzog wenig Aufschlußreiches und auch wenig Aufklärerisches.

Statt dessen ein Klischee nach dem andern: »Je höher die Steuerlast, desto höher die Erwartungen an den Staat« – ein belangloser, nicht belegter Satz! Die Änderung des Ladenschlusses wird als reformerische Tat dargestellt, für die wir viel zu lange gebraucht hätten – ohne zu berücksichtigen, daß diese angeblich große und notwendige »Reform« nicht das versprochene Ergebnis hatte. Von den vorhergesagten 30 000 neuen Arbeitsplätzen ist wenig zu sehen. – Herzog zitiert das amerikanische Nachrichtenmagazin »Newsweek« mit dessen Parole »Deutsche Krankheit« und verstärkt dieses rufschädigende Klischee im Verlaufe seiner Rede immer wieder.

Und dann lauter Übertreibungen: Wegen der Regulierungswut lahme die Initiative, z. B. zum Bau von Eigenheimen – der Bundespräsident hat anscheinend keine Ahnung, wie schnell heutzutage der Bau eines Einfamilienhauses genehmigt wird: innerhalb des Bebauungsplans in vier Wochen. Wer einen Produktionsbetrieb errichten will, bekommt heute in der Regel von Kommunen und Ländern aktive Projekthilfe bei der vom Bundespräsidenten beklagten notwendigen Abstimmung mit »bis zu 19 Behörden«. – Unsere Gesellschaft sei von Ängsten erfüllt, die den Erfindergeist und den Mut zur Selbständigkeit lähmten. Es gäbe »kaum eine neue Entdeckung, bei der nicht zuerst nach den Risiken und Gefahren, keineswegs nach den Chancen gefragt wird«. Das hat mit der Realität nichts zu tun, wenn man sich z. B. die vom Bundespräsidenten genannten Beispiele Gentechnik und Digitalisierung anschaut. – Wo lebt der Bundespräsident? Wo leben seine Ghostwriter?

Man muß sich schon fragen, warum eine so schwache Rede ein so großes Echo findet. Hier bestätigt sich der Eindruck vom Verschwinden kritischer Publizistik und des kritischen Bürgertums. Es gibt nur noch wenige, die gegen den Strich zu bürsten Lust verspüren.

Was der Bundespräsident hätte sagen können

Der Bundespräsident hätte mit einer ehrlichen Analyse der finanziellen und ökonomischen Schwierigkeiten beginnen können. Er hätte um Verständnis dafür werben können, daß infolge der Wiedervereinigung und der Zusammenfügung von zwei so unterschiedlichen Volkswirtschaften über längere Zeit Bedarf für Unterstützung des schwächeren Teils besteht und daß dies Opfer verlangt. Er hätte aber in diesem Zusammenhang auch ehrlich sagen müssen, daß große Fehler gemacht worden sind und Bundesregierung und Treuhand Milliarden verschwendet haben. Er hätte auf den bösartigen Täuschungsversuch hinweisen müssen, die hohe Verschuldung und die Abgabenlast maßgeblich der Sozialstaatlichkeit in die Schuhe zu schieben, obwohl sie in weitem

Maße den Kosten der Wiedervereinigung zuzuschreiben sind. Er hätte deutlich machen müssen, daß die Wiedervereinigung auch Chancen geboten hätte, die alte Bundesrepublik zu reformieren, statt dessen aber benutzt wurde, um die soziale Sicherung in Frage zu stellen, auf die breite Schichten unseres Volkes angewiesen sind.

Der Bundespräsident hätte darauf aufmerksam machen können, daß in unserem Land die Familien mit niedrigen und mittleren Einkommen seit Jahren auf einen realen Einkommenszuwachs verzichten, während in den oberen Einkommensgruppen kräftig zugelangt wird. Die Zahl der Einkommensmillionäre hat zwischen 1989 und 1992 in Westdeutschland um 38 % zugenommen. Die Luxusbranchen hatten nachweisbar nicht unter einem Konjunktureinbruch zu leiden. Im Gegenteil. Der Bundespräsident hätte in diesem Zusammenhang anregen können, wegen der explosionsartig gewachsenen Staatsverschuldung über einen Lastenausgleich, eine Sondervermögensabgabe der Gutbetuchten, nachzudenken, bevor der Bund sein Tafelsilber verkauft.

Der Bundespräsident hätte seinen Amtseid zitieren und fortfahren können: »Ich bin darauf verpflichtet, das Grundgesetz zu wahren und zu verteidigen.

Im Grundgesetz steht, daß die Bundesrepublik ein sozialer Staat sein soll. Wir tun gut daran, diesen Grundsatz ernst zu nehmen. Mit Sozialstaatlichkeit ist es nicht zu vereinbaren, wenn die soziale Sicherheit in Zukunft den Lebensversicherungskonzernen überlassen werden soll. Damit ist nicht vereinbar die sich immer weiter öffnende Schere zwischen Arm und Reich, zwischen vielen Ohnmächtigen und wenigen Mächtigen. Die Polemik gegen den Sozialstaat, die heute so gängig geworden ist, ist ein Angriff auf das Grundgesetz.

Im GG Art. 6 ist der Schutz der Familie zugesichert. Damit verträgt sich nicht, wenn heute immer mehr 20–35jährige keine festen Arbeitsverträge mehr erhalten. Wo bleibt deren Möglichkeit, eine Familie zu planen? Die Bundesregierung kann nicht jedem einen festen Arbeitsplatz garantieren. Aber sie muß darauf hinarbeiten. Das geschieht heute nicht mehr. Das Leben in unsicheren Arbeitsverhältnissen wird geradezu glorifiziert, die Festanstellung wird als Verlust an Freiheit abgewertet.

Unser GG verpflichtet uns zur Rechtsstaatlichkeit. Das meint auch die Durchsetzung geltenden Rechts. Damit ist z. B. nicht vereinbar, was zur Zeit in den Berliner Baugruben geschieht. Wenn Mindestlöhne gesetzlich festgelegt sind, dann hat der Staat die Verpflichtung, für ihre Durchsetzung zu sorgen. Vielfach erhalten ausländische Arbeitskräfte auf deutschen Baustellen aber noch nicht einmal 8 Mark pro Stunde, gezahlt werden sollten 17 Mark im Westen, 15,64 im Osten.[16] 1996 wurden nur etwa 15 % der 200 000 ausländischen Bauarbeiter auf deutschen Baustellen nach dem gesetzlich festgelegten Mindestlohn bezahlt. Daß das geltende Recht auch auf Baustellen des Bundes gebrochen wird, ist ein Skandal. Immer mehr deutsche Bauarbeiter werden deshalb arbeitslos. Es ist verständlich, wenn das Vertrauen der Betroffenen in unseren Staat schwindet.«

»Unser Grundgesetz«, so hätte der Bundespräsident fortfahren können, »verpflichtet uns zur Wahrung demokratischer Verhältnisse. Dazu gehört auch die Meinungsvielfalt. Und doch haben Politik und Öffentlichkeit unverständlicherweise akzeptiert, daß die beiden großen Medienkonzerne Kirch und Bertelsmann sich unter Mitwirkung der Telekom ein Monopol im digitalen Fernsehen errichten. Was hat das noch mit Wettbewerb, was mit Pluralität der Meinungen zu tun? In weiten Teilen unseres Landes gibt es nur noch eine einzige Zeitung, gelegentlich wird dies verdeckt durch eine scheinbare Vielfalt kleinerer Zeitungen, die aber alle den politischen Teil größerer Blätter übernehmen.

Die Lage im Land so radikal und wirklichkeitsnah zu analysieren ist in diesen Zeiten der allgemeinen geistigen Beliebigkeit fast schon ein Wagnis. Es bleibt dem Bundespräsidenten jedoch nichts anderes übrig, er ist auf die Verfassung vereidigt. Er muß auch in der Sache zur Sozialstaatlichkeit, zur Rechtsstaatlichkeit, zum Gebot des Schutzes der Familie und der Würde des Menschen stehen und zur Demokratie.«

Der Bundespräsident hätte die Bürger dazu aufrufen können, mitzuhelfen, daß die großen Errungenschaften der deutschen Nachkriegszeit in der Praxis gültig bleiben. Es wäre ja wohl ein Aberwitz, wenn das große Geschenk der deutschen Einheit dazu diente, die beste Verfassung, die wir bisher hatten, auszuhöhlen und so den Menschen in den alten und in den neuen Bundesländern nicht mehr das zuteil werden zu lassen, was wir mit gutem Recht bisher immer als eine große Errungenschaft betrachtet haben: ein in der Praxis gültiges und den Menschen Rechte und Sicherheit verschaffendes Grundgesetz.

Der Bundespräsident hat dies alles nicht gesagt, er hat auch die am Anfang seiner Rede gestellte Frage nicht beantwortet: »Was ist los mit unserem Land?« Dafür erfuhr unser Volk viel über den Zustand konservativen Denkens in Deutschland. Die Orientierungslosigkeit einer Rede, die doch zu einer Neuorientierung beitragen wollte, belegt, daß aus dem konservativen Lager keine Erneuerung zu erwarten ist – weder moralisch noch inhaltlich.

Der vom Bundespräsidenten geforderte »Ruck« kommt – wenn überhaupt – nur durch einen politischen Wechsel in Bonn.

Die Strategie des Wechsels

Wie ist die Wende zu schaffen? Mit welcher Strategie, mit welchem Programm? Mit welchen großen Themen? Mit Hilfe einer starken Volksbewegung oder vornehmlich über Medien? In welcher Parteienkonstellation und möglichen Koalition?

In welcher Konstellation zur Wahl?

Ein Blick auf die Ergebnisse der beiden letzten Bundestagswahlen und auf aktuelle Umfragedaten zeigt: Die SPD ist von einer eigenen Mehrheit weit entfernt. Sie im Herbst 1998 zu erreichen muß als illusionär betrachtet werden, auch wenn man größere Verschiebungen bei Wahlen durchaus für möglich hält.

	CDU/ CSU	SPD	B 90/ GRÜNE	FDP	PDS	SPD+ GRÜNE	CDU/CSU +FDP
Wahlen							
2. 12. 90	43,8	33,5	5	11	2,4	38,5	54,8
Umfrage [17]							
1/94 Infas	33	38	9	8,5	4	47	41,5
Wahlen							
16. 10. 94	41,4	36,4	7,3	6,9	4,4	43,7	48,3
Umfragen [18]							
Sommer 97	35	40	10	5	5	50	40

Eine Wiederauflage der sozialliberalen Koalition ist in Anbetracht der großen Differenzen in der Programmatik von SPD und FDP und angesichts der starken Abhängigkeit der FDP von der CDU/CSU und dem damit zusammenhängenden Milieu eher unwahrscheinlich. Die FDP hat sich zurückentwickelt. Sie ist fundamental gegen Sozialstaatlichkeit und öffentliche Leistungen eingestellt; sie klammert sich an Deregulierung und Privatisierung. Was das praktisch bedeutet, bekommen heute die Kommunen im einzigen sozialliberal regierten Bundesland Rheinland-Pfalz zu spüren, wo auf Druck der FDP den Gemeinden die Privatisierung rentabler Kommunalunternehmen vorgeschrieben werden soll. Die SPD kann mit der Partei der Besserverdiener in der Steuerpolitik ebensowenig zusammenarbeiten wie bei der Gestaltung der Altersversorgung.

Die wirkliche politische Wende, die nötig ist, um unser Land so zu gestalten, daß es auch in Zukunft lebens- und liebenswert ist, wird mit dieser FDP nicht zu realisieren sein.

Es bleibt für eine Strategie des Wechsels nur eine rot-grüne Option, im Notfall eine Große Koalition

1994 erreichten Rot und Grün zusammen 43,7 %, die Bonner Koalition dagegen 48,3 %. Auch wenn man die 4,4 % der PDS rechnerisch mit einbezieht, hatte 1994 die christlich-liberale Koalition die Mehrheit.

Die Umfragen vom Sommer 1997 suggerieren eine optimistischere Perspektive: Rot-Grün liegt mit 50 % um 10 % vor CDU/CSU und FDP. Ob dieser Vorsprung, anders als 1994, zu halten ist, hängt ganz wesentlich vom Wahlkampf ab.

Eine wichtige Entscheidung ist vor dem Wahlkampf zu treffen: Soll die SPD eine klare Koalitionsaussage zugunsten von Rot-Grün treffen und in dieser Konstellation in den Wahlkampf ziehen? Es gibt Tendenzen in der SPD, getrennt und arbeitsteilig zu operieren: keine gemeinsame Strategie und keine gemeinsamen Auftritte, doch eine Art Arbeitsteilung – die BündnisGrünen stehen für den Umweltschutz, die SPD für die Arbeitsplätze und Soziales.

Bei allem Verständnis für die Absicht der SPD, ihre Optionen offenzuhalten, muß man klarstellen, daß diese Strategie höchst fragwürdig ist. Die für einen Sieg notwendige Mobilisierung der Wähler wird nur mit der Dynamik einer Richtungswahl gelingen. Nur wenn für die Wähler erkennbar ist, daß SPD und BündnisGrüne gemeinsam für das Land etwas erreichen wollen, wird der Machtwechsel gelingen können. Die Wählerinnen und Wähler wollen zu Recht wissen, in welcher Konstellation die Wende erreicht werden soll. Sie wollen sich überzeugen von der sachlichen und emotionalen Übereinkunft der Partner, die gemeinsam regieren wollen, denn Wahlen werden nicht nur vom Verstand entschieden.

Für eine klare Koalitionsaussage spricht auch die Tatsache, daß CDU und CSU wieder eine Anti-Rot-Grün-Kampagne inszenieren werden. Eine solche Kampagne ist am wirkungsvollsten zu entschärfen durch ein selbstbewußtes Bekenntnis zu gemeinsamen Zielen.

Daß Sozialdemokraten dies heute anders sehen, daß sie meinen, in einer distanzierten, emotionslosen Partnerschaft Wahlen gewinnen zu können, ist erstaunlich, weil die Wahlerfolge der früheren sozialliberalen Koalition gerade immer dann eindrucksvoll waren, wenn das emotionale Element der Zusammenarbeit ausgespielt wurde. Das galt für die Bundestagswahlen 1969 und 1972 sowie für Landtagswahlen wie in Hessen 1970 oder in Nordrhein-Westfalen 1975. Warum solche Erfahrungen entwertet sein sollen, ist schwer verständlich. Hier wird, wie an anderen Stellen auch, ein Defizit an Professionalität und Fähigkeit zu strategischem Denken sichtbar. Welche bitteren Folgen dies hat, zeigte die Bürgerschaftswahl in Hamburg am 21. September 1997.

Sollte es 1998 weder für eine rot-grüne noch für eine

schwarz-gelbe Koalition reichen, bliebe nur eine Große Koalition als Regierungsoption. Das kann bei der geschilderten Lage unseres Landes aber nicht das Ziel sein.

Die Verlogenheit der Rote-Socken-Kampagne

Schwieriger für SPD und BündnisGrüne ist die Entscheidung über den Umgang mit der PDS. CDU/CSU und FDP haben ein großes Interesse daran, die PDS so stark wie möglich werden zu lassen, um ihre Stimmen anschließend politisch unwirksam zu machen; deshalb die Neuauflage der Rote-Socken-Kampagne von 1994. Solange die Stimmen der PDS wie früher die der Grünen stigmatisiert werden und damit aus dem politischen Entscheidungsprozeß herausfallen, wird eine Mehrheit gegen die jetzt regierende Koalition schwer erreichbar sein. Das ist das Kalkül der CDU-Strategen.

Wollen SPD und BündnisGrüne Wähler von der PDS gewinnen, müssen sie die Verlogenheit der Rote-Socken-Kampagne immer wieder thematisieren. Sie sollten sich nicht, wie etwa bei der Reaktion auf die Erfurter Erklärung, von der Union vorschreiben lassen, mit wem sie wie zusammenarbeiten wollen. Interessant ist in diesem Zusammenhang eine Einlassung des ehemaligen CDU-Wahlmanagers Peter Radunski. Er beschrieb im September 1994 am Beispiel des Umgangs mit dem Magdeburger Modell (Duldung einer rotgrünen Regierung durch die PDS), wie schädlich es für die SPD ist, mit solchen Optionen defensiv umzugehen.[19] Weil so viele Sozialdemokraten und BündnisGrüne wahlstrategisch immer noch meilenweit hinter der Union herlaufen und weil das Zitat so aktuell ist, sei Radunski voll zitiert: »Die rot-grüne Minderheitsregierung in Magdeburg war der größte Fehler in Scharpings Konzept. Er wollte Machtwillen und Entscheidungskraft demonstrieren, hat dann aber den

Mut vor der eigenen Courage verloren. Die rot-grüne Minderheitsregierung, die eine Tolerierung der PDS in Kauf nimmt, hätte für ihn nur dann einen Sinn gemacht, wenn sie auch Teil des weiteren Wahlkampfs geworden wäre. Aber mit dem ›Magdeburger Modell‹ macht er jetzt [gemeint ist die Zeit vor dem Bundestagswahltermin 1994, d. Verf.] nicht Wahlkampf, sondern sagt landauf, landab, daß dies nur ein Modell für Sachsen-Anhalt und nicht für andere Länder oder gar für Deutschland sei. Wer dem Wähler ein klares Konzept vermitteln will, darf solche Ausnahmen nicht zulassen. Das ›Magdeburger Modell‹ wurde so nicht für die SPD, sondern für die CDU zum zentralen Wahlkampfthema.«

»Low profile« oder Richtungswahl

Nach den Wahlen in Großbritannien am 1. Mai 1997 und in Frankreich am 1. Juni 1997 begann in Deutschland eine heftige Debatte um die richtige Strategie zur Wende. Verschiedene Meinungsforscher, Politikberater und Medien der verschiedensten Couleur sprachen viel von notwendiger Modernisierung der Oppositionsparteien und verwiesen immer wieder auf Tony Blair. Perfide an dem Begriff »Modernisierung« ist die Suggestion, es werde hier etwas Besserem der Boden bereitet. Denn modern steht ja eigentlich für »neu«, »unverbraucht« und damit »besser«. Bedeutete »Modernisierung« eine Verbessserung der organisatorischen Struktur, beispielsweise im Sinne einer Effizienzsteigerung oder einer Vertiefung der programmatischen Diskussion, dann könnte man zustimmen. Doch das Schlagwort »Modernisierung« zielt auf etwas zutiefst Banales: nämlich die Anpassung der SPD und der BündnisGrünen an den konservativen Zeitgeist, die Preisgabe eines eigenständigen Profils und eigener, zum Teil historisch gewachsener und bewährter Überzeugungen.

Die SPD soll beispielsweise endlich ihre Skepsis gegenüber technologischen Großprojekten aufgeben. Sie soll sich vor allem mit dem Umbau gleich Abbau des Sozialstaates einverstanden erklären. Als modern gilt der »schlanke Staat«, der bisher von ihm erbrachte öffentliche Leistungen nicht mehr sichert und sich aus kommunalen öffentlichen Unternehmen zurückzieht. Die Rezepte sind simpel, ihre weitreichenden Folgen für die Gesamtgesellschaft werden verharmlost. Der Begriff »Modernisierung« muß auch deswegen schwammig bleiben, damit niemand merkt, daß nur wenige vom Primat der Ökomomie über die Politik und über die Ökologie profitieren werden.

Wer gegen diesen simplen Denkansatz Bedenken anmeldet und das Neue nicht per se als etwas Besseres einstuft, wird als »Traditionalist« abgetan, als jemand, der die Zeichen der Zeit noch nicht erkannt hat.

Doch was ist unmodern an klaren beschäftigungspolitischen und ökologischen Akzenten, einer deutlichen Betonung der sozialen Sicherheit als Standortfaktor, an sozialer Gerechtigkeit und der Zuversicht, auch in einer Welt mit internationaler Arbeitsteilung Gestaltungsraum für eine Politik zu haben, die über rein ökonomische Ziele hinausgeht?

Dominanz der »Modernisierer«

In der öffentlichen Strategie-Debatte und unter den SPD-nahen Beratern haben die »Modernisierer« die Nase vorn. Ein kursorischer Überblick:

Da empfiehlt der Parteienforscher Franz Walter der SPD, die »Schelle der Fortschrittsfeindlichkeit« abzulegen. Auf das Image »modern« komme es an. – Der ehemalige CDU-Berater und Publizist Warnfried Dettling rät nach Tony Blairs Triumph in der »taz«, die SPD müsse Abschied nehmen von der Bewahrung der alten Strukturen des Sozialstaats, der politische Erfolg sei nur noch jenseits von Links und Rechts zu haben. Pech für Dettling, daß ihn Jospins Wahlsieg nur vier Wochen später widerlegt hat. – Der Wahlforscher Manfred Güllner empfiehlt seinem Favoriten unter den potentiellen Kanzlerkandidaten der SPD, Gerhard Schröder, auf die Änderung der Partei zu drängen und daraus eine »Schröder-SPD« zu machen. Er legt das alte Klagelied um das »Erscheinungsbild der SPD« wieder auf, das der SPD noch nie geholfen hat. Man kann schließlich 780 000 Mitglieder nicht einfach umpolen oder ruhigstellen, es sei denn, man will aus der SPD einen Wahlverein, eine politisch und programmatisch tote Hülse machen. – Der Politologe Peter Lösche empfiehlt eine Art Medien-Cäsar als Führungsperson der politischen Linken, der sich »über die Medien, vor allem das TV, direkt an die Parteimitglieder und -sympathisanten unter Umgehung des Delegiertensystems vom Ortsverein bis zum Bundesparteitag und auf Kosten der Parteifunktionäre und der mittleren Parteielite« wenden soll. Und dieser soll dann im Stil von Bill Clinton, Ronald Reagan und Silvio Berlusconi gewinnen. Ein bemerkenswerter Vorschlag! Lösche behauptet zudem, es gäbe kein genuin sozialdemokratisches Projekt mehr, also keine Programmatik, die ein scharfes Profil möglich macht.

Laut »SPIEGEL«(28/1997) will die SPD von Clinton lernen und hat deshalb zwei »Profis« aus den USA, Doug Schoen und Henry Sheinkopf, einfliegen lassen. Schoen setzt dem »SPIEGEL« zufolge auf Meinungsforschung. Man weiß aus Berichten vom US-Wahlkampf, daß Clintons Aussagen vorweg auf ihre Wirkung hin getestet worden sind. Wenn man genug Geld hat, kann man sich solche Umfragen ja zum eigenen Vergnügen leisten, aber strategisch relevant ist diese Empfehlung nicht. Eine der interessantesten Zielgruppen bei Wahlkämpfen sind gerade jene Bürger, die zu den wichtigen Sachverhalten keine Meinung haben – die Unentschiedenen und potentiellen Nichtwähler. Außerdem lehrt die Erfahrung, daß man Wahlkämpfe dazu nutzen kann, Menschen von anderen Positionen zu überzeugen. – Schoen und Sheinkopf haben selbst den Beweis dafür erbracht, daß verlassen ist, wer sich auf ihre Ratschläge stützt: Bill Clinton kam bei seiner Wiederwahl als amtierender Präsident gerade auf einen genauso großen Stimmenanteil wie sein wirklich nicht besonders eindrucksvoller Gegenspieler Bob Dole zusammen mit dem Außenseiter Ross Perot: 49 : 49 %. Clinton hat in der heißen Phase des Wahlkampfes ca. 10 Prozentpunkte verloren. Die Wahlbeteiligung lag bei 48,8 %, jeder zweite US-Amerikaner ist nicht wählen gegangen. Ein Modell für uns?

Markant hat der gelegentliche SPD-Politikberater Peter Grafe auf den Punkt gebracht, was die Vertreter des schwachen Profils propagieren. In seinem Buch über die SPD und ihre Strategie lautet die Überschrift des ersten Kapitels »Keine Mehrheit gegen den Strom«. – Mit dem Strom? Wer dies der SPD empfiehlt, macht sie am Wahltag mehrheitsunfähig und politisch nutzlos, weil sie dann nicht einmal als Opposition dafür sorgen kann, daß die größten Dummheiten vermieden werden. Nur tote Fische schwimmen mit dem Strom.

Der Modernisierungsempfehlung verwandt ist die immer wiederkehrende Parole, die SPD müsse »in die Mitte rücken«, um Mehrheiten zu gewinnen. Das ist ein auf die Schnelle sehr einleuchtendes Konzept, von vielen Journalisten favorisiert und von vielen Bürgern geglaubt. Diese Empfehlung ist aber nicht brauchbar, denn die Wähler sind keinesfalls von links bis rechts fest eingruppiert. Nicht wenige legen sich zu zahlreichen Themen gar nicht fest oder haben zu dem einen Thema eine eher fortschrittliche und zum anderen eine eher konservative Meinung. Was soll dann »in die Mitte rücken« heißen? Es kommt doch vor allem darauf an, die »richtigen« Themen auszusuchen, solche, die zu mobilisieren vermögen und zugleich neue Wähler ansprechen, ohne die bisherigen Wähler und vor allem die eigenen Anhänger und Multiplikatoren abzuschrecken. In der Realität gibt es also sehr viel mehr politischen Gestaltungsraum, als eine so einfache Empfehlung wie die, die SPD müsse »in die Mitte rücken«, suggeriert.

Ähnlich simple Vorstellungen von einem statischen Wählermarkt lagen einer Strategieüberlegung zugrunde, die beim 94er Wahlkampf der SPD eine Rolle gespielt hat. Auf der Basis eines Beratungspapiers des polis-Instituts ging die Wahlkampfführung im Frühjahr 1994 davon aus, daß die schwach gebundenen Wähler der CDU/CSU sich nachhaltig von der Regierung Kohl entfernt hätten und sein »Amtsbonus« aufgebraucht sei. Die darauf aufbauende eher konservative und anpasserische SPD-Wahlkampfstrategie hatte nicht den gewünschten Erfolg. Mit seinen Aufschwungparolen gewann Kohl gerade bei den sogenannten schwach gebundenen CDU /CSU-Wählern Sympathien zurück. Muß die Konsequenz aus dieser Erfahrung nicht sein, daß die SPD solchen Wählern eine wirkliche Alternative zu Helmut Kohl und seiner Regierung bietet, ohne sie zu verschrecken selbstverständlich?

Beide Strategien, »in die Mitte rücken« und »schwach Gebundene gewinnen«, berücksichtigen die potentiellen Nichtwähler und die Unentschiedenen zuwenig. Diese Gruppe ist wohl heute deshalb so groß, weil so viele Menschen orientierungslos sind. Wodurch sind Orientierungslose wohl eher zu gewinnen und zu mobilisieren: durch ein schwaches Profil oder durch ein starkes? Wer könnte sie ansprechen? Wodurch könnten Menschen, als Multiplikatoren sozusagen, bewegt werden, Nichtwähler und Orientierungslose zu überzeugen? Das sind wahlstrategisch viel wichtigere Fragen als die Suche nach einer vermeintlichen Mitte.

Elisabeth Noelle-Neumann prägte das Bild von der Schweigespirale. Entscheidend für den Wahlerfolg ist nach ihren Überlegungen, das Schweigen zu durchbrechen und Menschen dazu zu bewegen, über ihre Parteipräferenz offen – am Arbeitsplatz, im Freundeskreis und sogar mit fremden Menschen – zu reden. Wie sie feststellte, beruhte der große Erfolg der SPD bei der Bundestagswahl 1972 vor allem darauf, daß sie Hunderttausende von Menschen gewann, die wiederum andere ansprachen. Auf dieseWeise vor allem ist es gelungen, Orientierungslose und Unsichere, Unentschiedene und potentielle Nichtwähler zu motivieren und so die Wahlbeteiligung auf den bisherigen Maximalwert von 91,1 % zu heben. Warum sollte sich das Grundmuster von Meinungsbildung in 25 Jahren so grundlegend gewandelt haben? Trotz fortschreitender medialer Vorherrschaft im Kommunikationsverhalten, trotz der Rolle des Fernsehens im Alltag der meisten Bürger wirkt persönliche Überzeugungsarbeit nachhaltiger als alles andere.

Zum Abschluß dieser kursorischen Betrachtung der von der Wahl- und Parteienforschung gegebenen Ratschläge für die SPD ist eine kritische Anmerkung angebracht: Bei der Wahl- und Parteienforschung ist viel Scharlatanerie im Spiel. Auf einer schwachen Datenbasis werden häufig dezidierte Empfehlungen aufgebaut. Zu viele Parteien- und Wahlforscher lassen sich in innerparteiliche Positionskämpfe einspannen und richten ihre Empfehlungen darauf aus, das zeigte der Überblick sehr deutlich. Bei manchen dieser »Wissenschaftler« kann man sich nicht nur die Ratschläge bestellen, die sie aus den Umfragen ableiten, sondern auch die Umfrageergebnisse selbst. Alle Parteien nutzen solche bestellten Ergebnisse für die Öffentlichkeitsarbeit. Das Beste, was man tun kann, wenn man Beiträge von Wahl- und Parteienforschern auf den Tisch bekommt: beiseite legen.

Anpassung – der sicherste Weg in die nächste Wahlniederlage

Obwohl die positiven Umfragen für Gerhard Schröder und die SPD den Eindruck vermitteln, die mit seiner Person bisher verbundene Anpassungs- und Modernisierungsstrategie sei erfolgreich, spricht vieles gegen dieses Konzept.

Erstens. Auch die Konservativen haben sich die Macht nach 1969 nicht mit low profile zurückerobert. Im Gegenteil, sie haben die SPD mit einem konservativen Programm in die Opposition gedrängt und ihre Macht mittels eines klaren und aggressiv gegen die Sozialdemokraten gewandten Kurses zementiert. Nur in einigen wenigen Punkten haben sie sich angepaßt, etwa mit dem Eingeständnis, daß die Ostpolitik richtig war. Die Konservativen erklärten fast jede Wahl zur Richtungswahl.

Die SPD dagegen hat seit den Koalitionsverhandlungen nach der Wahl von 1972 an Profil verloren. Der korrespondierende Abstieg von 45,8 im Jahr 1972 auf 36,4 % im Jahr 1994 war nun wirklich keine Erfolgsstory.

Zwar wurden in einigen Bundesländern auch mit einem vergleichsweise schwachen Profil Wahlen gewonnen. Das läßt sich aber nicht ohne weiteres auf den Bund übertragen. In vielen Ländern kann der Spitzenkandidat einen großen Teil der Wähler – mit lokalen Veranstaltungen – persönlich erreichen. Bundesweit funktioniert diese Art von Kampagne nicht. Zudem waren mehrere Landtagswahlerfolge wesentlich bestimmt durch Reaktionen der Wähler auf den Bruch von Wahlversprechen durch die Bonner Koalition, sozusagen Rache für Kohl in Bonn.

Zweitens. Das Beispiel Blair und Labour täuscht. Kohl ist nicht Major, und die CDU/CSU ist lange nicht so marode wie die britischen Tories. Außerdem hatte es die Labour Party nötig, sich grundlegend zu erneuern. Das hat Blair als Chance genutzt, ohne daß aus der Labour Party gleich eine bessere Tory-Partei wurde. Die gelegentliche Behauptung, Tony Blair sei die bessere Margaret Thatcher, ist eine griffige journalistische Formel, entspricht aber bei genauem Hinsehen nicht den Tatsachen. Schon allein die Absicht von New Labour, eine Verhältniswahl einzuführen und den zentralistischen britischen Staat schrittweise zu dezentralisieren, Regionalparlamente in Schottland und Wales einzurichten und den Kommunen mehr Rechte und Geld zu geben, ist meilenweit vom Thatcherismus entfernt. Die Regierung Tony Blair trat in ihren ersten 100 Tagen der EU-»Sozialcharta«, der Europäischen Menschenrechtskonvention und der UNESCO bei, sie schöpft die Supergewinne der privatisierten Staatsbetriebe ab und finanziert damit die Ausbildung jugendlicher Arbeitsloser, sie bekämpft die Ursachen der Jugendkriminalität mit Programmen gegen Armut und Arbeitslosigkeit sowie für bessere Schulbildung und Familienförderung, die Labour-Regierung erreichte einen Waffenstillstand mit der IRA in Nordirland und forciert den Friedensprozeß, Labour hat den Export von Landminen verboten und kooperiert in den Gremien der EU – was erinnert da an Margaret Thatcher?

Die SPD hat ihre »Blairschen Reformen« im Grunde schon mit dem Godesberger Programm von 1959 abgeschlossen, als sie die klassenkämpferischen Töne hinter sich ließ. Sie hatte zudem nie derart undemokratische Strukturen wie die Labour Party, deren innere Willensbildung durch Gewerkschaftsblockstimmen entdemokratisiert war. Wenn die SPD jetzt weiter den drängend erhobenen Forderungen nach »Modernisierung« nachgibt, dann wird sie eine bessere CDU/CSU. Das tut weder der Sache noch den Wahlchancen gut.

In Großbritannien war wegen der massiven Rechtsdrift der konservativen Partei und der von ihnen betriebenen Restauration der britischen Gesellschaft auch mit dem vergleichsweise flachen Profil von New Labour eine Aufbruchsstimmung zu erzeugen. Das wird in der Bundesrepublik mit einem flachen Profil der SPD nicht möglich sein.

Drittens. Umfragen, die 1997 gemacht werden, reflektieren nur ein aktuelles Stimmungsbild. Die schon erwähnte Aufholkapazität von Kohl ist nicht zu unterschätzen. Wie oft hat man ihn schon totgesagt?

Ergebnisse verschiedener Befragungsinstitute auf die Frage: Wen würden Sie direkt zum Kanzler wählen, wenn das bei uns möglich wäre:

	Kohl	Scharping
Emnid Dez. 1993	36	49
Infas Jan. 1994	33	55
Infas Juni 1994	42	26
	Kohl	**Schröder**
Forsa Mai 1997	24	49
ZDF Politikbarometer Mai 1997	34	56

Rudolf Scharping lag ein Jahr vor der Wahl vom 16. Oktober 1994 ähnlich weit vor Kohl wie Gerhard Schröder heute. Dieser Vorsprung schmolz innerhalb der letzten 8 Monate vor der Wahl dahin. Ähnlich stetig ging es 1994 mit der SPD bergab, während Kohls Popularitätswerte stiegen. Das zeigt, wie viel die Wähler verzeihen, wenn die Öffentlichkeitsarbeit entsprechend effektiv ist. Auch heute strahlen Kohl und Schäuble – wenn auch etwas gebremst – die Zuversicht aus, wieder aufzuholen. Schäuble hat in Interviews im Sommer 1997 offen zugegeben, die Leute seien über Reformwust und Schuldenpolitik irritiert. Aber man werde sehen, daß sie die Politik der CDU/CSU bis 1998 begreifen würden. Und von Kohl weiß man seit langem, daß er den Niedergang üblicherweise mit der Bemerkung kommentiert: »Die Hunde kläffen, die Karawane zieht weiter.« Er läßt sich dabei auch von Kritik aus der Wirtschaft und freundlichen Stimmen gegenüber seinen SPD-Konkurrenten nicht irritieren.

Vor vier Jahren hatte Rudolf Scharping als Spitzenkandidat Zuspruch von Wirtschaftsbossen erhalten. Darüber wurde als bemerkenswerte Neuerscheinung in den Medien berichtet. Je näher der Wahltag rückte, um so dünner wurde diese Unterstützung. 1998 wird das nicht wesentlich anders sein, trotz derzeit großer Zustimmung einer Reihe von Managern zu Gerhard Schröder. Es wäre ein fataler Fehler, sich von der jetzigen Freundlichkeit beeindrucken zu lassen, zumal die Wirtschaftsverbandsspitzen von BDA und BDI Treue zu Kohl schon schwören.

Für die SPD und die politische Linke insgesamt ist die Popularität von Führungspersonen zwar eine wichtige Säule für einen Wahlsieg, aber dies reicht bei weitem nicht aus: Obwohl der bei Unionsanhängern beliebte Bundeskanzler Helmut Schmidt im Oktober 1976 – auf die Frage nach dem bevorzugten Kanzler – mit 51 % weit vor Kohl mit 35 % lag, erreichte die SPD bei der Wahl im gleichen Monat 42,6 %. Die Union mit ihrem relativ unpopulären Gegenkandidaten erhielt hingegen 48,6 %. Nicht sehr viel anders war es 1980.

Hierzulande werden mit den entscheidenden Zweitstimmen Parteien gewählt. Auch heute noch. Bei den Hamburger Bürgerschaftswahlen im September 1997 hat die SPD erneut lernen müssen, daß die – in Umfragen gemessene – Popularität ihres Spitzenkandidaten Voscherau sie nicht vor der Niederlage bewahrte. Es nützt der SPD nichts, wenn stramme CDU/CSU-Wähler über SPD-Politiker bei Umfragen sagen: ›ein guter Mann, aber in der falschen Partei‹, und die eigenen Wähler und Mitglieder eher skeptisch sind. Das stärkt allenfalls das Selbstbewußtsein der so eingestuften Spitzenkandidaten, die ihre überlegene, aber wahlunwirksame Popularität wie eine Monstranz vor sich her tragen. Ob die SPD-Politiker aus dieser Erfahrung bis zum Wahltag 1998 – besser bis zur Festlegung ihrer Strategie – klug werden, bleibt abzuwarten.

Die Überwindung der Medienbarriere

Viertens. Eine wichtige Ursache für die Aufholfähigkeit von Kohl und CDU/CSU vor den Wahlen ist die »Medienbarriere«. Die Medien haben Scharping hochgelobt und haben ihn wieder fallengelassen, beginnend im März 1994 wegen eines kleinen Fehlers: der Verwechslung von Brutto und Netto. Eben noch der ruhige, sachliche und ehrliche Realpolitiker, der auf der Erfolgswelle der SPD-Mitgliederbefragung erfolgreich in den Wahlkampf gestartet war – einige Monate später ein unflexibler Langweiler ohne Charisma und Dynamik. Kohls Wirtschaftsoptimismus und seine Aufschwungparolen wurden parallel dazu kaum kritisch hinterfragt.

Kleine Fehler können auch den künftigen Kandidaten Schröder oder Lafontaine passieren. Ob die hohe Popularität Schröders stabiler ist als jene von Rudolf Scharping 1993 und Anfang 1994, bleibt abzuwarten. Sie muß mit einem überzeugenden Programm und mit der Mobilisierung Hunderttausender von Menschen unterfüttert werden, nur dann bleibt sie wirkungsvoll.

Die Stimmungslage im Vorfeld der Wahl 1998 ist sehr labil und die Mehrheit der Medien offenbar bereit, auch rein wahltaktische Vorgaben der Bonner Koalition aufzunehmen und weiterzutragen. Dies wurde im Sommer 1997 schlaglichtartig am schon skizzierten Beispiel der Steuerreform sichtbar. Sie wurde ganz im Sinne der Parolen der Bonner Koalition und entgegen der Einschätzung der Fachwelt als Beitrag zur Arbeitsplatzbeschaffung interpretiert und die Ablehnung dieser »Reform« durch die SPD-geführten Landesregierungen als Blockadepolitik der SPD stilisiert. Die Bereitschaft eines Großteils der Medien, diesen Wahlkampffaden der CDU/CSU aufzunehmen, sollte von SPD und BündnisGrünen als rechtzeitiges Warnsignal wahrgenommen werden. Eine solche Medienbarriere läßt sich mit Hilfe von Popularität allein nicht überspringen.

Fünftens. Ein geringes Profil scheint auf den ersten Blick weniger angreifbar zu sein. Dieser Vorteil erweist sich aber bei näherer Betrachtung als Schwäche, und zwar dann, wenn vom politischen Gegner ein inhaltlicher Konflikt thematisiert und den Wählern in der öffentlichen Debatte bewußt wird, auf welch schwachem gedanklichen Fundament die »Modernisierer« stehen. In den harten Konflikten, die mit Sicherheit zu erwarten sind, bietet das low profile keine Basis für eigene Offensiven.

Sechstens, das Wichtigste: Die Strategie des schwachen Profils, die Strategie der Anpassung an konservative Themen, gibt der CDU/CSU die Chance für einen prächtigen Wahlkampf.

Die *CDU*
Das Original

Mit diesem Slogan[20] könnte die CDU und CSU auf Plakaten, in Anzeigen und Wahlkampfreden werben, die der SPD empfohlenen Modernisierungsschritte aufgreifen und dann im Wahlkampf massiv gegen sie wenden, etwa so:

Die SPD ist für die soziale Marktwirtschaft, was die CDU immer gefordert hat. Die SPD ist für Kernenergie, für Gentechnik, für die Änderung des Asylrechtes, für den Lauschangriff, für die Steuerreform, für die Rentenreform, für die Abschaffung der Gewerbekapitalsteuer und die Senkung des Spitzensteuersatzes bei der Einkommensteuer. Sie hat endlich eingesehen, daß die Globalisierung uns zum Umbau der sozialen Sicherungssysteme zwingt. Einige Sozialdemokraten empfehlen das Biedenkopf-Modell, das nur noch eine Grundsicherung der Altersversorgung vorsieht und den Rest den privaten Lebensversicherern zuschiebt; damit gehen sie soweit, wie Norbert Blüm und die CDU/CSU aus guten Gründen nie gehen würden. SPD und Grüne sind uns bei der NATO-Osterweiterung hinterhergelaufen und befürworten – völlig außer Atem – jetzt auch Militäreinsätze der Bundeswehr. SPD-Spit-

zenpolitiker beklagen die Einseitigkeit des »Öko-Denkens«, während Helmut Kohl beim UN-Umweltgipfel in New York für Klima- und Umweltschutz wirbt. SPD-Politiker übertreffen sich mit immer neuen forschen Parolen zu Recht und Ordnung. Diese späten Einsichten sind ja lobenswert, aber warum so spät?
Wie machen Sie es, liebe Wählerinnen und Wähler, wenn Sie als Kunde im Laden vor der Frage stehen, ob Sie das Original oder die schlechte Kopie kaufen sollen? Im Zweifel das Original. Deshalb gerade in unsicheren Zeiten:
Die CDU. Das Original.

So oder ähnlich könnten die Einlassungen der CDU/CSU lauten. So verfälschend sie im einzelnen auch sind, in der Summe erscheinen sie dann glaubhaft, wenn die SPD wie bei den Wahlen in Hamburg einen inhaltsarmen, angepaßten Modernisierungskurs einschlägt. Das wäre tödlich für die Wahlchancen der SPD. Die Strategen der CDU/CSU wissen das und empfehlen der SPD das Modernisierungs-und Anpasssungsmodell. Nach der SPD-Niederlage in Hamburg haben die Bonner Koalitionsparteien den öffentlichen Druck auf die SPD verstärkt. Eine gefügige Opposition – das ist der Stoff, aus dem sich die Wahlsiege der CDU/CSU machen lassen.

Plädoyer für eine Richtungswahl

Nur mit einer klaren Richtungsentscheidung kann eine Volksbewegung für die Wende in Gang gesetzt werden.

Nur so kann die Medienbarriere überwunden und eine Gegenöffentlichkeit geschaffen werden.

Nur so kann die Meinungsführerschaft zurückgewonnen werden.

Nur so werden Konflikte thematisiert, die Menschen berühren, faszinieren oder ärgern – jedenfalls aus der Verdrossenheit herausführen und mobilisieren.

Nur so entstehen die notwendigen Emotionen, die Wähler aus der Resignation zu lösen vermögen.

Nur wenn vor der Wahl die Alternativen klar beschrieben und glaubhaft gefordert werden, können die Wähler einigermaßen sicher sein, daß danach nicht dem Druck der konservativen Hegemonie nachgegeben wird. Das klare inhaltliche Profil im Wahlkampf hat seine eigene Dynamik und wirkt wie ein Stück Selbstverpflichtung für die folgende Regierungsarbeit. Auch das ist wichtig.

Es wäre naiv, anzunehmen, in einer von der Kommunikation über die Medien stark geprägten Gesellschaft wie der unseren könne eine Wahl allein mit Inhalt und Profil gewonnen werden. Politische Alternativen machen sich gerade in Wahlkämpfen, die in weitem Maße über das Fernsehen geführt werden, an Personen fest. Die Telegenität eines Kanzlerkandidaten kann daher hilfreich sein, um Sympathien auch an die von ihm vertretene Politik zu binden und umgekehrt. Allerdings läßt sich aus dieser Erkenntnis nicht ableiten, es komme nur auf die Wirkung an, die ein Politiker im Fernsehen erzeugen kann. Schließlich zeigen Beispiele wie Lionel Jospin in Frankreich oder Romano Prodi in Italien, daß Wähler sehr wohl »sperrigen« Kandidaten ihre Stimme geben, wenn ihre Person und die Inhalte, die sie vertreten, glaubwürdig sind. Ideal ist ein Kandidat, der Telegenität mit Überzeugung für das politische Programm, für das seine Partei steht, verbindet.

Themen und Projekte für eine klare Alternative

In der Debatte um die richtige Strategie der SPD und der BündnisGrünen wird vielfach gerade von den Vertretern der Anpassung an die konservativen Zeitströmungen eingewandt, große Projekte wie ehedem die Ostpolitik, große Themen und Konflikte gebe es nicht mehr. Ist das so? Oder ist dieser Eindruck eher das Ergebnis der Anpassung und des mangelnden Mutes? – Die Themen eines Wahlkampfes werden nicht auf dem Silbertablett präsentiert. Auch die Ostpolitik verlangte seinerzeit Mut, zunächst Mut zu innerparteilichem Streit und dann zum Kampf um die Mehrheit. Heute fehlt es gleichfalls nicht an großen Projekten und Alternativen. Zwischen den Vorstellungen der Neokonservativen und einer sozial und ökologisch verantwortbaren Politik liegen Welten. Es gibt weitere Richtungsentscheidungen, die faszinierend und dringlich sind:

– Welchen Weg soll unser Land und Europa gehen? Den heiß empfohlenen Weg des »amerikanischen Modells«? Oder einen eigenen, den »europäischen Weg«? Orientieren wir uns am Glaubensbekenntnis der Neokonservativen? Oder besinnen wir uns auf die Tradition des europäischen Kultur- und Sozialstaats und verfolgen klassische sozialdemokratische Ziele weiter: Vollbeschäftigung, soziale Sicherheit, Chancengleichheit, Rechtsstaatlichkeit? Eröffnen wir mit der Vision eines sozialen Europas einen »Wettbewerb der Systeme«!
– Welche Rolle soll der Staat in unserer modernen Gesellschaft spielen? Welche Aufgaben soll er wahrnehmen und welche Rahmendaten setzen?
– Es lohnt sich, das alltägliche Brainwashing und die massiven Kampagnen der Irreführung zum Thema der kommenden Wahlauseinandersetzung zu machen. Aufklärung statt Manipulation, Freiheit statt Gängelung, das ist eine demokratieentscheidende Alternative.
– Welchen Charakter soll unser Gemeinwesen haben? Wollen wir die soziale Sicherung gegen die Risiken des Lebens erhalten? Am Beispiel der Rentenfinanzierung kann dies demonstriert werden: Der clever eingefädelte Bruch oder die Pflege des Generationenvertrags ist eine brisante und viele Menschen betreffende Entscheidung.

– Welche Signale setzt die Wirtschaftspolitik? Bleibt es bei der bisherigen bornierten und erfolglosen Fixierung auf eine angebliche Verbesserung der Standortbedingungen oder werden unorthodox alle Instrumente mit dem klaren Ziel Vollbeschäftigung genutzt?

Schon bei diesen fünf Themen, die im folgenden genauer erläutert werden, stehen deutliche Richtungsentscheidungen an. Es wäre sinnvoll, darüber hinaus eine Reihe anderer, wichtiger Markierungen eines neuen politischen Weges in den Wahlkampf einzubringen – zur Umweltpolitik, zur Außen- und Sicherheitspolitik und zum Umgang mit Gewalt z. B.

1. Die Richtungsentscheidung für den eigenen, den europäischen Weg

Die große Klammer, die die Themen des Wahlkampfes zusammenhalten kann, ist die Vision von einem eigenen, dem europäischen Weg. Dieser Weg liegt jenseits des zu Recht gescheiterten sowjetisch geprägten Sozialismus, aber auch jenseits des amerikanischen Neokonservatismus mit seiner einseitig ökonomischen Ausrichtung. Statt das »amerikanische Modell«, wie Präsident Bill Clinton es werbend nennt, nachzuahmen, läge es im Interesse der Völker Europas, den Sozial- und Kulturstaat neu zu entdecken und weiterzuentwikkeln. Dieses Modell verbindet die Vorteile von Markt und Wettbewerb mit staatlicher und gesellschaftlicher Verantwortung für Anliegen, die der Markt nicht zu regeln vermag:

Wettbewerb hat die Tendenz, sich selbst in Oligopolen und Monopolen aufzulösen. Daher übernimmt der Staat mit Kartellgesetzen und Monopolkontrollen Verantwortung für seinen Schutz.

Wettbewerb und Markt benachteiligen die Schwachen. Deshalb wird ein sozialer Ausgleich über Steuern, Kinder- und Wohngeld, Ausbildungshilfen und den Aufbau von

Systemen der sozialen Sicherung für Alter, Arbeitslosigkeit und Krankheit versucht. Die Einsicht, daß jene, die nur ihre Arbeitskraft zu Markte tragen, sich zusammenschließen müssen in Gewerkschaften, um überhaupt mithalten zu können in Konfrontation mit jenen, die über Kapital, über Maschinen, über Betriebsstätten verfügen, war seinerzeit ein großer Fortschritt. Heute verkündet z. B. ein Professor für Nationalökonomie des berühmten Massachusetts Institute of Technology (MIT) stellvertretend für das herrschende neoliberale Denken: »Arbeitnehmer schließen sich nicht mehr zwingend in Gewerkschaften zusammen. Die Gewerkschaften sind über kurz oder lang weg, und die Weltwirtschaft ist da...«[21]

Der Markt fördert die in einem Volk steckenden breiten Begabungen nicht hinreichend. Deshalb übernimmt der Staat Verantwortung für Bildung und Ausbildung; in den europäischen Wohlfahrtsstaaten übrigens um vieles solider und produktiver als in den USA.

Weil sich der Aufbau einer Infrastruktur – z. B. Straßen, Eisenbahnen und Brücken, Wasser- und Klärwerke, Krankenhäuser, Schwimmbäder und Theater – schwer vermarkten läßt, erbringen öffentliche Hände diese Leistungen.

»Der Markt ist kurzsichtig«, so sagt man mit Recht. Der Politik obliegt es, längerfristig Rahmendaten für Forschung und Technologie, für den effizienten Umgang mit knappen Ressourcen, Rohstoffen und Energie zu setzen, damit künftige Generationen nicht ihrer natürlichen Lebensgrundlagen beraubt werden.

Diese Erkenntnisse über die Rolle des Staates in einer sozialen Marktwirtschaft gründen auf der neoklassischen ökonomischen Theorie. Sie war auf amerikanischen, britischen und deutschen Hochschulen noch in den 60er und 70er Jahren gängige Lehre. Wir haben gute Gründe, uns wieder darauf zu besinnen. Eine Chance dafür bietet die Bundestagswahl 1998. Es ist hilfreich, sie zur Richtungswahl zwischen dem amerikanischen Modell und dem Modell des europäischen Sozial- und Kulturstaats zu machen:

- Dort die Unterwerfung aller Lebensbereiche unter das ökonomische Prinzip. – Hier die Vorstellung, die Wirtschaft habe eine dienende Funktion.
- Dort die Überzeugung, der Egoismus des Einzelnen sei die Triebfeder des gesellschaftlichen Fortschrittes. – Hier die Einsicht, daß Eigennutz zwar eine wichtige Triebfeder ist, aber Solidarität und die Sorge für die Schwächeren und Benachteiligten hinzukommen müssen, wenn eine Gemeinschaft auf Dauer human und intakt bleiben soll.
- Dort die Philosophie, Unsicherheit und Angst seien wichtige Faktoren zur Motivation von Menschen und damit zur Produktivität. – Hier die Einsicht, daß soziale Sicherheit die Basis für besondere Kreativität und damit ein Standortvorteil ist, daß man also trotz der Sorge um Mißbräuche sozialer Leistungen sinnvollerweise das Prinzip sozialer Sicherung selbst nicht zerstört.
- Dort die Absicht, den Sozialstaat zu demontieren, weil er angeblich nicht mehr finanzierbar ist, wie die Vertreter des neokonservativen Modells propagieren. – Hier die Auffassung, daß wir ihn uns leisten müssen, weil soziale Sicherung um so wichtiger ist, je mehr Flexibilität vom Einzelnen verlangt wird.
- Dort eine Gesellschaft, die ungleiche Verteilung von Einkommen und Vermögen als systemstabilisierend betrachtet und schätzt. – Hier das Streben nach einer gerechteren Verteilung der Einkommen, Vermögen und Chancen.
- Dort die kulturelle Verödung breiter Landstriche. – Hier die Neubesinnung auf die vielfältigen kulturellen Wurzeln der europäischen Völker und ihre Pflege.
- Dort die These, das Heil unserer modernen Gesellschaft läge in Deregulierung und Privatisierung. – Hier die Erkenntnis, daß der Nationalstaat und die Europäische Gemeinschaft Gestaltungsaufgaben haben und die Bürger,

die Gesellschaft und die Ökonomie profitieren, wenn solche Regelungen des Zusammenlebens optimiert werden und auf ihre Einhaltung geachtet wird.

- Dort die rücksichtslose Verschwendung von Ressourcen und Energie. – Hier das ehrliche Bekenntnis, daß Energieverbrauch teurer werden muß.
- Dort die Auslieferung der Menschen an die totale elektronische Kommunikation. – Hier die Nutzung der technischen Möglichkeiten verbunden mit dem Versuch, Freiräume für personale Kommunikation und ein vielfältiges kulturelles und geistiges Leben zu erhalten.
- Dort die Hinnahme und Förderung von konzentrierter Medien- und Meinungsmacht. – Hier die Sorge um Pluralität und freie Meinungsbildung als eine wichtige Grundlage der Demokratie.
- Dort die Mißachtung des Zusammenhangs von Egoismus und Gewalt und weitere Schritte vom »wohltätigen zum strafenden Staat«[22]. – Hier der Versuch, Lebensbedingungen zu schaffen und Werte zu vermitteln, die helfen, Gewalt einzudämmen.

Wenn ein europäisches Land wie Deutschland die skizzierten Richtungsentscheidungen trifft und sich so für eine Stärkung des Kultur- und Sozialstaates entscheidet, wird es attraktiv sein für die Menschen, die hier leben, und für Unternehmen, die weltweit disponieren und nüchtern prüfen, wo es sich langfristig lohnt, zu investieren.

Daß amerikanische Politiker, Manager und Professoren mit geradezu missionarischem Eifer für das amerikanische, neoliberale Modell werben, ist verständlich: den rechten Republikanern ist es ans Herz gewachsen, und Demokraten wie Clinton beruhigen ihr schlechtes Gewissen, wenn sie den eigenen Scherbenhaufen glorifizieren. Zweifel am idealen Charakter ihrer Gesellschaft und das Eingeständnis, es gebe bessere Alternativen, träfen den Nerv vieler Amerikaner. Lautsprecher gibt es in der europäischen Politik, in der Wissenschaft und Publizistik genug. Da sich auch viele Bürger in Europa unter dem Eindruck der massiven Propaganda ins Bockshorn jagen lassen, ist es angebracht, sich einige Fakten über die wirtschaftliche und soziale Lage der USA zu vergegenwärtigen:

Ohne Zweifel, die Arbeitslosigkeit ist seit 1992 gesunken und hat mit 5,3 % einen beachtlich tiefen Stand erreicht. Viele Arbeitsplätze wurden neu geschaffen. Das ist das erfreuliche Ergebnis einer expansiven Konjunkturpolitik, vor allem einer Geldpolitik, die Investitionen und Konsum angetrieben hat, während gleichzeitig viele europäische Staaten eine restriktive Politik betrieben haben. Bei uns wird der Abbau der Arbeitslosigkeit seit 1992 fälschlicherweise mit Reagans wirtschaftsliberalem Modell verbunden. Dieses Modell ging jedoch schon 10 Jahre früher in den Test. Während Reagans Präsidentschaft und bis 1991 war die Arbeitslosigkeit immer höher als bei uns.

In den letzten 20 Jahren stieg die Produktivität in den USA um 25 %, in Deutschland um 100 %. Die USA haben sich zwischen 1992 und 1996 mit 624 Milliarden DM netto beim Ausland neu verschuldet. Das ist ein typisches Merkmal eines Entwicklungslandes, meint der Volkswirt John H. Markin vom American Enterprise Institute for Public Policy Research. Hätten die USA diese Schulden 1996 zurückzahlen müssen, hätten sie 15 % ihres gesamten Brutto-Inlands-Produktes dafür aufwenden müssen. Warum diese ökonomischen Fakten dazu verleiten sollen, die amerikanische Wirtschaft als Modell zu betrachten und den erfolgreichen europäischen Wohlfahrtsstaat zu mißachten und abzuschaffen, ist schleierhaft.

Noch deutlicher werden die Nachteile des amerikanischen Modells, wenn man die soziale Lage der US-Bürger und die gesellschaftlichen und politischen Folgen der Rückkehr zum nackten Kapitalismus betrachtet:

– 60 % der amerikanischen Familien müssen seit Jahren mit

Vorwurf - Die S.P.D nähert zu sehr an die C.D.U.

Die Regierung ist Schuld an der Arbeitslosigkeit

115 - 80 Bl. Druck [11.2.98.]

Puls 72 Temp. 36.4°

Dr. Benkert

Dr. Deutschmann

Der Umbau = abbau des Sozialstates muß kommen

weg von alten Strukturen, moderner werden

U.S.A. Wahlbeteiligung 48%

nicht mit dem Strom, sondern gegen Strom schw.

nur tote Fische schwimmen mit den Strom

schlechte Wahl-Aussicht für S.P.D - 98

Nährose

sinkenden Einkommen auskommen. Ein Fünftel aller arbeitenden Menschen sind »working poor«. Ihr Lohn liegt unter der Armutsgrenze von 10.062 Dollar im Jahr.

- Nur 25 % aller Erwerbstätigen haben Anspruch auf Arbeitslosenunterstützung. 1975 waren es noch 81 %. Ist das Fortschritt?
- Der reale Wert der Beihilfen für alleinstehende Mütter ohne Einkommen wurde zwischen 1970 und 1990 um 42 % gesenkt.
- Bedrückend ist der Wandel des amerikanischen Staats vom wohltätigen Staat zum strafenden Staat[23]: Die Zahl der Häftlinge stieg zwischen 1970 und 1991 von 200000 auf 825 000 an. Das ist eine Steigerung von mehr als 300 % in 20 Jahren. Heute sitzen mehr Farbige als Weiße in den Gefängnissen, obwohl ihr Anteil an der Gesamtbevölkerung nur 12 % ausmacht. Washington rechnet mit etwa 2,26 Millionen Gefängnisinsassen und mit Kosten von 351 Milliarden Dollar in den nächsten 10 Jahren. Das Gefängniswesen wird privatisiert. 1985 gab es 1 345 Privatgefängnisse, heute sind es 49 154. Die Folgen sind, daß die Resozialisierung erschwert ist und selbst elementare Rechte wie die Besuchsmöglichkeit von Verwandten eingeschränkt werden. Wir schlucken schweigend, manche sogar zustimmend, die Nachricht, wie begeistert eine Mehrheit der US-Amerikaner Todesurteile und ihren Vollzug fordert.
- Auch die Sozialhilfeverwaltung wird zunehmend privaten Unternehmen – z. B. Rüstungskonzernen – übertragen mit dem klaren Ziel, möglichst viele Menschen zu zwingen, diese Systeme zu verlassen.
- Die amerikanische Gesellschaft greift in die Freiheitsrechte der Bürger ein: In Chicago ist Jugendlichen unter 16 Jahren der Aufenthalt auf der Straße ohne triftigen Grund zwischen 22.30 und 6.00 Uhr morgens untersagt.

Von diesen und anderen ähnlich bedrückenden Fakten über die USA nimmt die öffentliche Debatte bei uns wenig Notiz.

Die Europäer sollten sich der faktischen Übervorteilung durch die USA erwehren. Die einseitige handelspolitische Vorteilsnahme zeigt sich an vielen Beispielen: Deutschland bezahlte 17 Milliarden für den Golfkrieg, die USA wachten mit Argusaugen darüber, daß die Aufträge zum Wiederaufbau in Kuweit vor allem an amerikanische Unternehmen gingen; Deutschland finanziert einen großen Teil der Hilfe für Rußland und andere mittel- und osteuropäische Staaten, die USA verschaffen sich Handelsvorteile und Aufträge, indem sie die politische Abhängigkeit dieser Länder von der Führungsmacht USA demonstrativ herauskehren. Sie haben ihre Friedensinitiative in Bosnien sofort zu einer handelspolitischen Offensive genutzt. Davon erfuhr die breite Öffentlichkeit, als während der militärischen Intervention ein US-Flugzeug bei Dubrovnik abstürzte und bekannt wurde, daß die Opfer vor allem Funktionäre der US-Handelspolitik und amerikanische Unternehmer waren.

Wollen sich die Völker Europas gegen Fremdbestimmung bei der Gestaltung ihrer Zukunft wehren, müssen sie im Rahmen eines friedlichen Wettbewerbs faktisch und psychologisch ein Gegengewicht aufbauen und propagandistisch in die Offensive gehen. Es ist an der Zeit, über die ökonomischen Schwächen, die mangelnde Produktivität und die wachsende Auslandsverschuldung der USA, das geringe Bildungsniveau vieler Bürger und vor allem über die katastrophalen sozialen und menschlichen Folgen dieses Modells öffentlich zu reden.

Nach den Wahlen in Großbritannien und in Frankreich ist die Chance, daß sich die Europäer auf die bewahrenswerten Elemente des europäischen Sozial- und Kulturstaats zurückbesinnen, gewachsen. Wenn in Deutschland 1998 eine Richtungsentscheidung für den eigenen, europäischen Weg fällt, dann könnte es gelingen, in Europa[24] ein soziales Gegenmodell zu installieren, das langfristig auch auf die Entwicklung in den USA abstrahlen wird, weil es sich als das produktivere, als das sozialere und humanere Modell erweist. Dem amerikanischen *Volk* kann also dieser Wettbewerb der »Systeme« nur recht sein.

2. Öffentliche Verantwortung und gestaltender Staat

Die neokonservative Ideologie ist in all ihrer Einfachheit oft widersprüchlich. So auch, was die Rolle des Staates betrifft. Geht es um traditionelle konservative Interessen, um das Militär oder um die Innere Sicherheit, wird die Notwendigkeit eines »starken Staates« betont. Geht es um normale Regeln des Zusammenlebens aller Bürger und um sozialen Ausgleich, dann setzt man auf einen Rückzug des Staates und propagiert das als eine Zunahme an individueller Freiheit.

Hier kann und muß eine Koalition der Wende eine Gegenposition beziehen. Sie könnte drei Facetten haben. Erstens: Ein klares Votum gegen den ideologisch bestimmten Abbau öffentlicher Leistungen und statt dessen für eine angemessene finanzielle Ausstattung des Staates, wo es ökonomisch, ökologisch oder sozial sinnvoll und notwendig ist: für Bildung, Wissenschaft und Kultur, für Jugend- und Altenarbeit, für Kindergärten, Schwimmbäder und öffentlichen Nahverkehr, für Umwelt- und Gesundheitsvorsorge, für die Innere Sicherheit und eine moderne Infrastruktur insgesamt. »Nur Reiche können sich einen armen Staat leisten«, dieser Slogan der SPD von 1971 gilt auch heute. Es gibt neue öffentliche Aufgaben, etwa die Betreuung von arbeitslosen Jugendlichen und von Kindern mit Lern- und Verhaltensstörungen, Sprachunterricht für Zugewanderte und vieles mehr. Und es gibt »alte« öffentliche Leistungen und Einrichtungen, die zu erhalten sich lohnt. Unverständlich ist z. B., daß öffentliche Schwimmbäder und Büchereien Öffnungszeiten einschränken oder gar schließen und Volkshochschulen das Angebot reduzieren müssen.

Die neue Politik müßte zum zweiten auf die Optimierung

von Regeln statt auf phantasielose Deregulierung zielen und zum dritten sachlich abwägen, ob eine Leistung eher von öffentlichen oder privaten Einrichtungen bereitgestellt werden sollte.

Die geläufige Politik der Privatisierung und Deregulierung baut auf einer falschen Prämisse auf. Sie suggeriert, daß es der Gesellschaft nutzt, wenn gemeinsame Aufgaben und Rechte nicht mehr vom Staat wahrgenommen, sondern dem freien Spiel des Marktes überlassen werden.

Optimierung von Regeln statt Deregulierung

Die Tendenz zur Deregulierung und Privatisierung offenbart einige gravierende Denkfehler und eine ordentliche Portion Geschichts- und Kulturlosigkeit:

Die gesetzliche Altersversorgung und das Krankenkassenwesen, das Baurecht und das Recht der Gewerbeaufsicht, die Mehrwertsteuer und das Sozialhilferecht, Verkehrsverbünde, die Abwasserabgabe und kommunale Jugendzentren, das Jugendstrafrecht, das Ehescheidungsrecht und die Regeln zum Umgang mit Sondermüll – dies alles sind Regelungen, die sich die europäischen Völker im Laufe von Jahrzehnten und Jahrhunderten erarbeitet und erkämpft haben. Sie sind von Land zu Land verschieden, aber überall das Ergebnis eines langen Prozesses gesellschaftspolitischer Auseinandersetzung. Die meisten Regelungen sind von einer Mehrheit der Bevölkerung gegen die Interessen einiger weniger durchgesetzt worden, und zwar gemäß der Erkenntnis, daß das Gemeinwesen funktionsfähiger ist, wenn die Interessen aller Bürger aufeinander abgestimmt werden. Diese Erkenntnis droht im Sog neokonservativer Interessenspolitik zugunsten der Wirtschaft und des Kapitals, vernebelt durch die Forderung nach »Standortsicherung«, unterzugehen.

Vor allem jene, die man soziale Errungenschaften oder sozialen Fortschritt nannte und nennt, sind eng verbunden mit der Geschichte der Sozialdemokratie und der Arbeiterbewegung: der Achtstundentag, die Abschaffung der Kinderarbeit, das Frauenwahlrecht, die flexible Altersgrenze, die Einführung des gleichen Kindergelds für alle, der Mieter- und der Kündigungsschutz, der soziale Wohnungsbau, das Wohngeld und BAFÖG. Die SPD und die Gewerkschaften waren auf diese sozialen Errungenschaften bisher immer stolz. Würden sie jetzt auf den Zug der Zeit aufspringen und die ganze Mode der ungeprüften Deregulierung mitmachen, sie verrieten einen Teil ihrer eigenen Geschichte.

Macht man sich diese historische Dimension klar, begreift man die Kulturlosigkeit, die in so einfachen Forderungen wie Deregulierung zum Ausdruck kommt? Politik soll sich in Deutschland wieder weitgehend den Interessen der Wirtschaft bzw. dem, was sie fälschlicherweise dafür hält, unterordnen. Heribert Prantl schreibt, inzwischen gelte »politische Untätigkeit als Ausweis ökonomischer Kompetenz. Wer die Wirtschaft nach Belieben schalten und walten läßt und dies mit Verve vertritt, der gilt ihr als guter Politiker. Die Politik hat sich untergeordnet. Nicht sie zimmert den Rahmen, in dem sich die Wirtschaft bewegt, sondern die Wirtschaftsführer weisen der Politik den Rahmen zu, in dem sie sich zu bewegen hat.«[25]

Es wird immer mehr dereguliert. Geltende Vorschriften des Umweltrechts und der Gewerbeaufsicht z. B. werden zu lasch und mit zuwenig Personal kontrolliert, auch weil dies das Standortimage der jeweiligen dafür verantwortlichen Bundesländer beschädigen würde. Beteiligungsrechte der Bürger bei der Planung von großen Verkehrsprojekten werden mit sogenannten Beschleunigungsgesetzen außer Kraft gesetzt. Gemäß der Parole, der Staat habe sich auf seine Kernaufgaben zu beschränken (welche dies sind, wird meist nicht definiert), gibt der Staat nach und nach die Verantwortung für Aufgaben ab, die sich nicht unmittelbar in Mark und Pfennig auszahlen. Schon jetzt wird zuwenig in Ausbildung und Forschung investiert. Die Infrastruktur droht dauerhaft

Schaden zu nehmen. Durch Deregulierung z. B. im Bereich von Bau- und Planungsrecht wird eine vernünftige Gestaltung von Städten, Dörfern und Landschaften schwieriger. Statt sich auf die Beseitigung von wirklich bürokratischen Regeln zu beschränken und die Verfahren behördlicher Entscheidungen zu beschleunigen, überläßt man finanzkräftigen Investoren mehr und mehr Entscheidungen. Sie prägen das Bild von Städten und Gemeinden, in denen schließlich alle wohnen müssen. Im »wilden Osten«, in Berlin und am Potsdamer Platz, in den alten Bundesländern Bayern, Baden-Württemberg und Rheinland-Pfalz mit ihrem neuen Baugenehmigungsrecht wird Deregulierung in Beton gegossen. (Die wirklich bürokratischen DIN-Normen im Bauwesen hat man dagegen nicht entrümpelt.)

Wohin der Rückzug des Staates im Extremfall führen kann, zeigt die Ausbreitung der Rinderkrankheit BSE in Großbritannien. Sie ist unter anderem eine Folge der Deregulierung und Privatisierung im Bereich der Abdekkerei, der Futtermittelindustrie und der veterinärmedizinischen Dienste und Kontrollbehörden.

Die so laut vorgetragenen Forderung nach Aufhebung von Steuerungs- und Kontrollmechanismen wurzelt in einem Denkfehler über die Rolle dieser Instrumente. Sie werden als Behinderung verstanden, wo sie doch als produktive Sozialtechniken gedacht und konzipiert sind. Die Pflicht zur gesetzlichen Rentenversicherung z. B. wurzelt in der Erfahrung, daß ohne eine solche gesetzliche Verpflichtung junge Leute nicht vorsorgen. Die Gewerbeaufsicht für Baustellen gründet darauf, daß es für Gesellschaft und Volkswirtschaft billiger ist, Unfälle zu vermeiden. Die Quellenbesteuerung der Löhne und Gehälter – alles andere als eine Selbstverständlichkeit – beruht auf der Erfahrung, daß jede andere Regelung insgesamt teurer wäre. Eine ganze Reihe von Stimmen aus Handwerk und Industrie halten Vorgaben und ihre Durchsetzung durchaus für sinnvoll, weil nur so ein vernünftiger Wettbewerb möglich ist und auch nur so gesichert ist, daß der Ehrliche nicht immer der Dumme ist. Es gibt z. B. Spediteure, die für eine Ökosteuer zur Verteuerung des Güterverkehrs in Europa eintreten, wenn gewährleistet ist, daß dies *alle* Wettbewerber trifft; es gibt Bauunternehmer, die für eine lückenlose Kontrolle der Einhaltung der Mindestlöhne beim Bau eintreten, weil sie dies für sinnvoll und die Durchsetzung gesetzten Rechts für wettbewerbsfördernd halten. Mit solchen Vertretern der Wirtschaft könnte man konstruktiv über die weitere Gestaltung von Regeln und ihre Optimierung nachdenken.

Ohne Zweifel gibt es Bedarf an Deregulierung. Es sind im Laufe der Zeit Regelungen entstanden, die nicht mehr zeitgemäß sind. Sie muß man ändern, verbessern oder abschaffen. Zugleich tauchen immer wieder neue Probleme auf, die der gemeinsamen, staatlichen Steuerung bedürfen. Dazu ein paar Beispiele: Die enge Verflechtung von Banken, Versicherungen und großen Industriekonzernen zwingt zu Neuregelungen im Recht der Aktiengesellschaften. – Wenn das gültige duale System der Berufsausbildung nicht mehr fähig ist, den jungen Menschen wenigstens eine Ausbildungsmöglichkeit zu verschaffen, dann sind neue Vorgaben wie z. B. eine Ausbildungsabgabe sinnvoll, gerade auch im Interesse jener Unternehmen, die heute schon ausbilden. – Die spekulativen internationalen Kapitalbewegungen, die zu Währungsschwankungen führen, drängen zu Neuregelungen, die die kontinuierliche Planung von Lieferbeziehungen über Währungsgrenzen hinweg möglich machen. Schwankungen des Dollarkurses zwischen DM 1,35 und 1,85 Mark innerhalb weniger Monate haben nichts mit der Kaufkraft- oder Produktivitätsentwicklung der betroffenen Volkswirtschaften zu tun. Eine mögliche Lösung wäre die sogenannte Tobin-Tax, wonach alle grenzüberschreitenden Kapitalbewegungen mit einem Steuersatz von weniger als einem Prozent belastet werden, um so spekulative Kapitalbewegungen teurer zu machen.

Dies hätte einen stabilisierenden Effekt, ohne wirklich notwendige Kapitalbewegungen zu behindern. – Die Spekulation mit Grundstücken ist ein Musterbeispiel dafür, daß man es bei uns seit Jahrzehnten nicht geschafft hat, eine funktionierende Neuregelung zu installieren – z. B. durch die Einführung einer Bodenwertsteuer oder einer Bodenwertzuwachssteuer. Das Prinzip »Rückgabe vor Entschädigung« dürfte in den neuen Bundesländern zur Verschärfung von Spekulation geführt haben, ist also schon deshalb zweifelhaft. – Die hohe Scheidungsrate und die Gründung vieler nichtehelicher Lebensgemeinschaften zwingt zu Regelungen, die den rechtlichen Rahmen veränderter Lebensformen klären.

Nach den Prinzipien der bürgerlichen Nationalökonomie sollten Güter und Dienstleistungen, bei deren Produktion Wettbewerb nicht sinnvoll möglich ist, wie etwa der öffentliche Nahverkehr oder die Müllabfuhr, in staatlicher Verantwortung bleiben. Auch dieser schlichte Grundsatz ist vergessen. Privatisierung ist heute zu einem großen Geschäft geworden. Banken, Berater und private Käufer stoßen sich daran gesund. Die ökonomische Vernunft und die Interessen der Allgemeinheit bleiben auf der Strecke.

Die Vertreter eines freiwilligen Rückzugs des Staates aus der politischen Verantwortung tarnen ihre einseitige Ideologie gerne als Pragmatismus. Sie brechen jedoch gerade mit dem Gedankengut Karl Poppers, eines der gern zitierten Väter des politischen Pragmatismus. Seinem Konzept des Inkrementalismus, also der schrittweisen Reformen, ist das Element der vorsichtigen Optimierung zu eigen und nicht die möglichst schnelle Abschaffung von Regeln, bei der nicht durchdacht wird, was denn Besseres an ihre Stelle gesetzt werden könnte.

Die Rolle des Staates wird mittlerweile auch von internationalen Institutionen, die bisher zu den Hauptbefürwortern von Deregulierung und Privatisierung zählten, wieder positiver eingeschätzt. Im Entwicklungsbericht 1997 der Weltbank heißt es, ein »funktionsfähiger Staat« sei ein »Grundpfeiler für erfolgreiche Wirtschaftssysteme«[26]. Eine Umfrage bei Unternehmern in 69 Ländern habe gezeigt, daß eine starke Wechselwirkung zwischen der Glaubwürdigkeit einer Regierung und dem Anreiz zu privaten Investitionen bestehe. Rahmenbedingungen zu setzen, die fairen Wettbewerb garantieren, ist also durchaus ein positiver »Standortfaktor«.

3. Aufklärung statt Manipulation

Im Mai 1997 veröffentlichte das Bundesarbeitsministerium eine Dokumentation unter dem Titel »Fakten und Argumente zur Wettbewerbsfähigkeit des Standorts Deutschland«. Darin heißt es, »dieses Papier hält der Panikmache von interessierter Seite Fakten und Argumente entgegen«.

Wenn Norbert Blüm als Mitglied der Bundesregierung es für nötig hält, der eigenen Koalition und anderen neokonservativen Meinungsmachern Fakten entgegenzusetzen, wieviel mehr gilt das für die Opposition im Wahljahr. Wahlkämpfe können Zeiten der Information und Aufklärung sein. Zu keiner anderen Zeit kann die politische Linke so viel kommunikative Kraft entfalten wie in Wahlkämpfen, wenn sie das will und entsprechend anlegt. Notwendig ist es. Denn sie hat nur dann eine Chance, den Wechsel herbeizuführen, wenn sie die vielfältigen Manipulationen, die massiven Angriffe auf das demokratische Leben und die damit verbundene massive Störung demokratischer Entscheidungsabläufe zu einem der großen Themen ihres Wahlkampfes macht.

Die Erschütterung der Glaubwürdigkeit der jetzigen Koalition und der mit ihr verbündeten Kräfte ist der Ausgangspunkt zur Wende. Die Botschaft, daß die politisch und wirtschaftlich Einflußreichen in vielfältiger Weise und mit Erfolg die Mehrheit der Menschen beeinflussen und manipulieren, muß sich wie ein roter Faden durch den Wahlkampf ziehen – von Beginn an. So können die Wähler gegen die Parolen der Neokonservativen immunisiert werden, und es besteht eine Chance, das eigene Programm und die eigenen politischen Botschaften erfolgreich zu vermitteln.

Auch die Regierungsarbeit einer neuen Mehrheit wird sich der Fremdbestimmung durch die wirtschaftlich und publizistisch Mächtigen nur entziehen können, wenn sie die Versuche der Manipulation ständig thematisiert.

Daß hier zunächst kein zusätzliches Sachthema vorgeschlagen, sondern eine Diskussion über Methoden der Meinungsbeeinflussung während des Wahlkampfes angeregt wird, ist weniger Wahltaktik als vielmehr ein Vorschlag zur Rettung der demokratischen Entscheidungsfindung. Was nutzt es den Oppositionsparteien, die Fehler der Regierung Kohl zu beschreiben und präzise zu belegen, welche weiteren schlimmen Folgen in den nächsten Jahren zu erwarten sind, wenn eine solche Analyse medial nicht vermittelt werden kann und statt dessen die heutigen Oppositionsparteien mit geballter Medienkraft als die eigentlichen Blockierer notwendiger Veränderungen und Reformen dargestellt werden? Was nützt die präzise Beschreibung des wirtschaftspolitischen Versagens der Regierung Kohl, wenn es dieser gelingt, die Arbeitslosigkeit und den wachsenden Schuldenberg mittels massiver Propaganda auf die Globalisierung zu schieben?

Bis weit hinein ins kritische Bürgertum wird den Parolen der Neokonservativen geglaubt. Auch zivilisationskritische Intellektuelle bauen auf den Behauptungen der Globalisierungs- und Standortdebatte – wie schon erwähnt – neue, groß herausgeputzte Gedankengebäude auf. Die Arbeit gehe aus, die Produktivität sei zu hoch, die Globalisierung verurteile die einzelnen Staaten und Völker zur Tatenlosigkeit. Diese Propagandaformeln entwickeln ihr eigenes Leben.

Die gezielte Irreführung zu diskutieren ist nicht allein eine Angelegenheit von SPD und BündnisGrünen, sondern die aller Demokraten und Bürger, die sich nach einem politischen Wechsel sehnen und eine Politik verlangen, die sich an Fakten und nicht an modischen Formeln orientiert. Zu diesem Zweck sollte eine Kampagne »Aufklärung statt Manipulation« durchgeführt werden.

Da das Thema Manipulation und Medienbarriere naturgemäß schwer kommunizierbar ist, wird die Aufklärungsarbeit im wesentlichen

- über die Reden und Beiträge der Oppositionspolitiker,
- über die Mitglieder der Oppositionsparteien und die Multiplikatoren einer Bürgerbewegung
- und über »gekaufte Kommunikation«, also über Anzeigen und Spots, laufen müssen.

Rückgrat der Kampagne »Aufklärung statt Manipulation« könnte eine wöchentlich erscheinende (kleine) Informationsanzeige in meinungsbildenden Blättern sein, jeden Freitag oder Montag z. B. in der »Süddeutschen Zeitung«, der »Frankfurter Rundschau«, in der »taz«, im »Freitag«, im »SPIEGEL« – oder für eine breitere Zielgruppe in »BILD« und anderen Boulevardblättern. Jede Woche bis zum Wahltag. 52mal im Jahr, 26mal im halben Jahr die gleiche Botschaft »Es wird behauptet ... Richtig ist ...«, mit immer neuen Fakten, gelegentlich ergänzt um Prognosen zur Taktik der CDU/CSU mit dem Ziel, ihre Winkelzüge offenzulegen.

Mangel an Themen gibt es nicht. Beim hohen Desinformationsgrad konservativer Wahlkämpfe werden ständig neue hinzukommen, z. B.:

Es wäre das »amerikanische Modell« zu hinterfragen.

Es wäre zu beschreiben, wie die Erfurter Erklärung vom Januar 1997, dieser Vorstoß kritischer Bürger für einen politischen Neuanfang in der Bundespolitik, entwertet worden ist.

Die wöchentliche Informationsanzeige müßte sich mit den Vorurteilen in der Wirtschafts- und Finanzpolitik auseinandersetzen; dazu gehört die Behauptung, die Löhne und Lohnnebenkosten in Deutschland seien zu hoch, oder die These von der Dramatik der Globalisierung. Deutschland war schon immer mit der Weltwirtschaft verflochten, 1913 nicht geringer als heute. 1995 gingen 86 % des deutschen Exports in europäische Industrieländer. Die außenwirtschaftliche Verflechtung hat also einen ganz anderen Charakter, als bei dem Wort Globalisierung mitschwingt. Die Handelsbilanz zu den südostasiatischen Ländern ist positiv (1996 44,5 Milliarden Ausfuhr und 35,5 Milliarden Einfuhr).

In einer anderen Informationsanzeige könnte das Vorurteil korrigiert werden, Deutschland exportiere mit seinen Kapitalexporten in unangemessener Weise Arbeitsplätze in andere Länder. Selbst die Bundesbank hat in ihrem Monatsbericht vom August 1997 eingeräumt, daß absatzorientierte Motive offenbar »eine Hauptrolle bei den Auslandsinvestitionsentscheidungen deutscher Unternehmen« spielen und häufig durch solche Investitionen Arbeitsplätze hier im Land gesichert werden. Zu den geringen Auslandsinvestitionen hier bei uns, die so häufig als Schwäche des Industriestandorts Deutschland gedeutet werden, zitiert die »Frankfurter Rundschau« aus dem Bundesbankbericht: »Die seit Jahren nominal geringeren ausländischen Investitionen in Deutschland lassen sich laut Bundesbank nicht zuletzt mit Unzulänglichkeiten der statistischen Erfassung erklären.«

Es wäre das Vorurteil aufzugreifen, heute könne mit beschäftigungspolitischen Initiativen und der richtigen Konjunkturpolitik keine eigenständige aktive Beschäftigungspolitik mehr gemacht werden. Dagegen steht nicht nur die neuerliche amerikanische Erfahrung, sondern z. B. auch die Entwicklung in Dänemark und Österreich sowie Norwegen, das eine Arbeitslosenquote von 3,5 % hat.

In solchen Informationsanzeigen könnte der Zusammenhang zwischen der steigenden Jugendkriminalität und der Perspektivlosigkeit und ökonomischen Deklassierung vieler junger Leute aufgezeigt werden.

In einer anderen Anzeige könnte nachgewiesen werden,

daß die Parole »Umweltschutz kostet Arbeitsplätze« falsch und dumm ist.

Aufzulisten wäre, wie viele sogenannte Reformen, Programme zum Sozialabbau und zur Haushaltskonsolidierung die Regierung Kohl schon verabschiedet hat, wie häufig sie selbst enttäuscht war und dennoch immer wieder »nachlegte«, ohne ernsthaft zu prüfen, ob ihre Diagnose und Therapie stimmt. Die Informationsanzeigen könnten so auch ein Beitrag gegen die Vergeßlichkeit sein.

Die Empfehlung, die ständigen Manipulationen zum großen Thema der Wahlauseinandersetzung zu machen, stößt vermutlich bei den dafür geforderten Spitzengremien von SPD und BündnisGrünen nicht unbedingt auf Gegenliebe. Viele glauben immer noch, die politischen Machtverhältnisse veränderten sich wie in einer Pendelbewegung; dabei wird das Bild von der schiefen Ebene viel eher der Realität in unserem Land gerecht. SPD und BündnisGrüne haben gar keine andere Wahl, als sich so oder auf andere Weise direkt ans Volk zu wenden.

Auch viele Medien werden die These von der Manipulation abstreiten. Das kann vernachlässigt werden, gemessen an der bisherigen und wohl auch künftigen Erfahrung, daß die meisten Medien Kohl im Gegensatz zu SPD und BündnisGrünen protegieren, je näher der Wahltermin rückt. Mit einer neuen Strategie der Offenheit gegenüber dieser Medienbarriere wüchse immerhin die Chance, mehr und mehr Zeitgenossen die Augen für die Medienbarriere zu öffnen. Dazu gehört Mut. Aber wer nicht kämpft, hat in jedem Fall verloren.

Medienpolitik hat viel mit Informationsfreiheit und wenig mit Standortpolitik zu tun

Mit Demokratie verbinden wir zu Recht die Vorstellung, daß jeder Mensch nur *eine* Stimme hat und es Einzelnen nicht möglich sein soll, mit Hilfe publizistischer Macht Millionen anderer zu indoktrinieren. Eine wirklich demokratische Willensbildung ist dann möglich, wenn sich die Bürger umfassend und aus verschiedenen Quellen informieren und sich so ein eigenes Urteil bilden können. Aufgabe der Medienpolitik, so das demokratische Grundverständnis, sollte es sein, für Pluralität der Meinungen und Quellen zu sorgen und so Informations- und Meinungsfreiheit möglich zu machen. Insbesondere nach dem Krieg war unter dem Eindruck der verheerenden Wirkung der Propaganda in der Nazizeit ein großer Teil der meinungsführenden Kräfte bestrebt, Informationsfreiheit und demokratische Willensbildung zu fördern und zu pflegen. Sie sollten nicht dem Kommerz überlassen werden. Deshalb das zweigleisige System von privatorganisierter Presse und öffentlich-rechtlich organisiertem Rundfunk. Deshalb die Versuche, die Pluralität in den Rundfunkanstalten durch sogenannte Binnenpluralität und durch die Außenpluralität der verschiedenen Länderanstalten zu wahren. Doch dieses Wissen um die Notwendigkeit, Meinungsfreiheit wie den Augapfel zu hüten, ist inzwischen verschüttet.

Unter Federführung der Regierung Kohl, aber auch mit Unterstützung einiger sozialdemokratischer Politiker in den für Rundfunkfragen zuständigen Bundesländern, wurde die Vermehrung der Programme und die Kommerzialisierung von Hörfunk und Fernsehen durchgesetzt. Durch die Vielzahl an Programmen, die weniger Vielfalt als eher Einfalt ins Haus bringen, und durch die schleichende Marginalisierung des öffentlich-rechtlichen Rundfunks entzieht man dem öffentlichen Diskurs zusehends die Grundlage.

Das kommerzielle Fernsehen wird im wesentlichen nur noch von zwei großen Konzernen, Bertelsmann und der Kirch-Gruppe, beherrscht. Sie kooperieren inzwischen in vielfältiger Weise; im Sommer 1997 haben sie zusammen mit der deutschen Telekom ein gemeinsames monopolartiges Vorgehen beim digitalen Fernsehen verabredet. Auf diese Entwicklung hin zu Medien- und Meinungsmonopolen reagierte die SPD-Medienpolitik bisher äußerst unzureichend, wenn sie sie nicht sogar unterstützt hat. Sie nahm die Kommerzialisierung des Fernsehens und Hörfunks wie gelähmt hin. Unter dem Schlachtruf »Mitmachen, um mitzugestalten« gaben die auf diesem Feld tonangebenden Sozialdemokraten eine Position nach der anderen preis. Sie betrachten die Medienpolitik nicht mehr als einen der vornehmsten Versuche zum Schutz der Meinungsfreiheit und damit der Demokratie, sondern zuallererst als Aktivitäten ihrer Bundesländer zum Standortgewinn und – nebenbei oder hauptsächlich – zur publizistischen Pflege ihres Images und ihrer Machtbasis.

Der Rundfunk unterliegt in Deutschland der Kulturhoheit der Länder. Zur Zeit betreiben vor allem Nordrhein-Westfalen und Bayern Medienpolitik im Sinne reiner Standortpolitik. Nordrhein-Westfalen unterstützt den in Gütersloh beheimateten Bertelsmann-Konzern, Bayern die Kirch-Gruppe mit Sitz in München. Das Ergebnis ist eine de facto große Koalition in der Medienpolitik. Eine Opposition auf SPD-Parteiebene gegen diese von Landesinteressen geleitete Politik existiert offenbar nicht.

Zudem sind die Interessen einer Vielzahl von Politikern schon längst mit denen der Medienunternehmen verwoben, sei es, weil man sich der politischen Unterstützung dieser meinungsbildenden Konzerne versichern will, sei es, daß finanzielle und berufliche Interessen die nahtlose Kooperation nahelegen. Mehr als diese traurige Tatsache müßte inzwischen erschrecken, daß dies offenbar keiner merkt oder merken will. Jedenfalls gilt immer noch als ehrenwerter Politiker, wer erkennbar dicht mit diesem medialen Filz verwoben ist.

Ein aufschlußreiches Dokument dafür ist das »Grundsatzpapier« der Bertelsmann-Stiftung »zu Leitlinien der zukünftigen Kommunikationsordnung« vom 29. Januar 1997. An diesem Papier haben u. a. Kurt Biedenkopf (CDU), Peter Glotz

(SPD), Manfred Lahnstein (SPD), Reinhard Mohn (Bertelsmann) und Dieter Stolte (ZDF) mitgewirkt. In Punkt 4 dieses Grundsatzpapieres heißt es: »Um den Wettbewerb zu stärken, muß sich die Kommunikationsordnung der Zukunft in die Wirtschaftsordnung einfügen.« Meinungsfreiheit und Meinungsvielfalt sollen also den Marktgesetzen überlassen werden.

Das ist ein Bruch mit Art. 5 unserer Verfassung. Information ist keine Ware wie jede andere. Wer dies leugnet, verleugnet zugleich die Gültigkeit einer wichtigen Erfahrung vom Niedergang der Weimarer Republik.

Es ist an der Zeit, daß sich die SPD ihrer Verantwortung für die Meinungsvielfalt und damit für die Demokratie erinnert. Man kann doch nicht sehenden Auges die Macht über die Meinung in diesem Land einigen wenigen Personen an der Spitze großer Medienkonzerne überlassen. An die fortwährende Integrität und demokratische Qualität der Führungspersonen zu glauben ist naiv. Wer garantiert uns, daß morgen nicht ein Typ Berlusconi oder Haider den Chefsessel eines der Konzerne erobert? Auf Personen ist kein Verlaß. Es bedarf der klaren institutionellen und gesetzlichen Regelung, um eine weitere Kommerzialisierung und Konzentration auf dem Medienmarkt zu verhindern.

Die SPD wird die Medienbarriere nur glaubhaft thematisieren und eine Bürgerbewegung um Unterstützung beim anstehenden Wahlkampf bitten können, wenn sie zusichert, daß sie die Medienpolitik als ein Instrument zum Schutz der Meinungsfreiheit und nicht als billiges Mittel zur Wahrung von Standortinteressen betrachtet. Insofern wäre ein Signal zur Medienpolitik auch ein wichtiger Faktor im Wahlkampf.

Der im September 1997 vorgelegte SPD-Leitantrag zur Medienpolitik ist leider kein solches Signal. Es bleibt zu hoffen, daß der SPD-Parteitag die Kraft dazu findet.

4. Der Generationenvertrag zur Altersvorsorge hält

Das Vertrauen in die soziale Sicherung der Renten wird vorsätzlich zerstört. Diesen Vorgang offenzulegen und zu erklären, wie der Generationenvertrag der gesetzlichen Rentenversicherung auch für die junge Generation gesichert werden kann, das ist eines der ganz großen Wahlkampfthemen für 1998 und ein Schlüsselprojekt zur Verteidigung der Sozialstaatlichkeit.

Die Bonner Koalition suggeriert zwar mit ihrem Rentenreformentwurf, die gesetzliche Rentenversicherung, wie sie bisher auf dem Generationenvertrag beruht, erhalten zu wollen, doch Teile der CDU/CSU und vor allem der FDP geben das bisherige System der Sozialversicherung preis. Hier spielt sich eine Entwicklung ab, die den Charakter eines Krimis und die Dimension eines Milliardendeals hat.

Statt notwendige politische Entscheidungen zu treffen, die eine Entlastung der Sozialkassen bewirken könnten, wird Stimmung gemacht. Die Veränderung der Alterspyramide hin zu mehr Rentenempfängern bei gleichzeitiger Abnahme der Beitragszahler werde den Generationenvertrag zerbrechen lassen, heißt es aus Kreisen der Union, der FDP und der mit ihnen verbundenen Interessengruppen. Das System sei nicht mehr haltbar, man müsse umsteigen auf das sogenannte Kapitaldeckungsverfahren. Modelle, wie das nach dem sächsischen Ministerpräsidenten benannte Biedenkopf-Modell, plädieren für eine Grundsicherung, finanziert durch Steuern: jeder Mann und jede Frau soll künftig einen Sockel an Altersrente vom Staat beziehen, den man dann zusätzlich aufstocken kann – über Betriebsrenten und Zusatzrenten, mit privat angespartem Vermögen und über private Lebensversicherungen. Auf den ersten Blick eine vernünftige, einfache Lösung.

Tatsächlich jedoch haben wir es bei dem Gerede um das angebliche Ende des Generationenvertrags und die notwendige Umstellung vom Umlageverfahren zum Kapitaldekkungsverfahren mit einem klassischen Fall von Brainwashing zu tun.

Zum einen ist die demographische Verschiebung bei weitem nicht so dramatisch, wie es dargestellt wird. Es wird einen Anstieg der Belastungen für die arbeitende Bevölkerung bis etwa zum Jahre 2030 geben. Die Lage entspannt sich dann wieder geringfügig, und sie kann sich ohnehin ändern, wenn sich die Geburtenrate oder die Zuwanderung verändert. Niemand kann das genau vorhersagen.

Viel wichtiger für die Klärung der Frage, wie die Arbeitenden durch die Rentner und durch die nicht arbeitende Kindergeneration belastet werden, sind folgende Aspekte: Wie entwickelt sich die Produktivität der Volkswirtschaft, wie hoch ist die Arbeitslosigkeit, und welche Art von Arbeitsverhältnissen – sozial gesicherte oder ungesicherte – werden die Regel? Wenn es gelingt, endlich die Arbeitslosigkeit abzubauen und die Produktivitätsentwicklung unserer Volkswirtschaft wenigstens annähernd so zu halten wie in den vergangenen Jahren, dann werden ohne Änderung des Systems, also selbst ohne Senkung des Rentenniveaus, die verfügbaren Realeinkommen der arbeitenden Menschen und Familien auch in Zukunft steigen. Das Vertrauen in diese Möglichkeit aufzugeben käme einer politischen Bankrotterklärung gleich.

Zudem und auch darüber wird falsch informiert, ändert sich durch die Umstellung auf das Kapitaldeckungsverfahren nichts an der Tatsache, daß auch künftig eine bestimmte Anzahl von Menschen für die nicht arbeitende alte Bevölkerung und die Kindergeneration zu sorgen haben wird. Die Umstellung des Finanzierungssystems ändert nichts an dieser Relation, es sei denn, man unterstellt, daß Menschen fruchtbarer werden, wenn sie von der gesetzlichen Renten- zur privaten Lebensversicherung wechseln. Die geläufige Behauptung, die erhöhte Kapitalbildung, die mit einer Umstellung auf das

Kapitaldeckungsverfahren verbunden sei, führe zu einem höheren Wachstum, muß, zumal in einer offenen Volkswirtschaft, nicht zutreffen,

- weil sich möglicherweise überhaupt keine Zunahme der volkswirtschaftlichen Sparquote ergibt, sondern nur eine Substitution von Anlageformen eintritt und
- weil die nationale Ersparnis angesichts internationaler Kapitalmärkte keinen limitierenden Faktor für die Investitionsquote und das Wachstum darstellt.

Die Konservativen zerstören das System der gesetzlichen Rentenversicherung – teils gewollt, teils ungewollt

Die gesetzliche Rentenversicherung ist vor allem deswegen in finanziellen Schwierigkeiten,

- weil die hohe Arbeitslosigkeit und die zeitweise großzügigen Vorruhestandsregelungen dazu führen, daß es zu Mindereinnahmen bei der Rentenversicherung kommt,
- weil sie mit 30 Milliarden DM versicherungsfremden (genauer: nicht durch Beiträge gedeckten) Leistungen belastet ist; z. B. Ausgaben für Renten der Aus- und Umsiedler und Belastungen aus der Wiedervereinigung, die eigentlich vom Bund bezahlt werden müßten, aber aus Rentenversicherungsbeiträgen der Arbeitnehmer finanziert werden.

Würde die Bundesregierung darauf verzichten, allgemeine Staatsaufgaben den Beitragszahlern anzulasten, dann könnten die Beiträge sofort um ca. 2 % gesenkt werden. »Die aktuellen Finanzierungsdefizite der Rentenversicherung gehen auf die Arbeitslosigkeit und die vereinigungsbedingten zusätzlichen Lasten zurück«, resümiert das Deutsche Institut für Wirtschaftsforschung (DIW) in einer am 12. Juni 1997 veröffentlichten Studie.

Dazu kommt, daß immer mehr junge Menschen aufgrund der schlechten wirtschaftlichen Lage entweder nicht ständig einen Arbeitsplatz finden oder auf Arbeitsverhältnisse angewiesen sind, bei denen keine Sozialversicherungspflicht besteht. Der von den Neoliberalen betriebene Trend wirkt langfristig gegen das bestehende Rentensystem. Hier gibt es tatsächlich ein Reformproblem. Wer weiter ungesicherte Arbeitsverhältnisse oder Scheinselbständigkeit ohne Sozialversicherung zuläßt, der untergräbt das Rentensystem finanziell und das Vertrauen in die soziale Sicherung.

Eine neue politische Koalition müßte in ihrem Wahlkampf darüber aufklären, daß der Systemwechsel nichts an den demographischen Problemen löst, ja daß die Schwierigkeiten der gesetzlichen Rentenversicherung zuallererst mit der fehlgeschlagenen bzw. nicht vorhandenen Arbeitsmarktpolitik der Bundesregierung und ihres Mißmanagements bezüglich der deutschen Vereinigung zu tun haben. Anstatt eine bewährte Sozialversicherung ohne Not preiszugeben, müssen zuerst diese Fehlentwicklungen wirksam bekämpft werden. Änderungen, die das bewährte System als Ganzes nicht in Frage stellen, sind durchaus vernünftig. Sie sind wegen vieler gesellschaftlicher Verschiebungen wie der Änderung der Erwerbsbiografien und wegen hoher Scheidungsraten auch notwendig.

Änderungen, die das Vertrauen zerstören, sind hingegen unvernünftig. Das gilt für das wichtigste Element der von der Bundesregierung geplanten Rentenreform. Danach soll das Standard-Rentenniveau von 70 auf 64 % des durchschnittlichen Nettogehaltes sinken. Gerade für Geringverdienende und Frauen, die wegen ihrer Kinder oft nicht durchgängig arbeiten, ist eine solche große Absenkung nicht zumutbar. Darüber zu befinden ist heute auch wirklich nicht nötig. Wer diese Entscheidung heute dennoch betreibt, muß sich vorhalten lassen, die Bürger verunsichern, von der sozialen Vorsorge weg und hin zur privaten treiben zu wollen.

Nach einer im Juli 1997 veröffentlichten Studie des Wissenschaftszentrums Berlin (WZB)[27] nahm das Vertrauen der Bürger in die sozialen Sicherungssysteme in den letzten Jahren rapide ab. Diese Verunsicherung ist die Folge der »Reform«-Debatte und tatsächlicher Eingriffe wie etwa der Zuzahlungen im Krankenkassenwesen. Schon die jungen Leute machen sich Sorgen um ihre Renten, unter den herrschenden Umständen mit Recht, wenn sie keine Arbeit haben und die Ausbildungszeiten nur begrenzt angerechnet werden.

Soweit diese Verunsicherung bewußt betrieben wird, muß man fragen: Wer verdient daran, wer hat ein Interesse daran? – Die privaten Lebensversicherer betreiben mit viel Aufwand Werbung in Hörfunk, Fernsehen und Zeitungen. Es ist interessant, zu beobachten, wie Artikel über die angeblich desolate Lage der gesetzlichen Rentenversicherung mit Anzeigen der Versicherungswirtschaft gekoppelt sind, manchmal so geschickt, daß kaum noch deutlich wird, ob es sich um einen redaktionellen oder einen gesponserten Beitrag handelt.

Die privaten Lebensversicherungsgesellschaften nehmen heute knapp 90 Milliarden an Prämien ein. Sie wittern jetzt das Geschäft des Jahrhunderts. Schließlich hat die gesetzliche Rentenversicherung einen Leistungsumfang von ca. 300 Milliarden. Nur $^1/_{10}$ dieses Kuchens herauszuschneiden brächte den privaten Lebensversicherungen einen Zuwachs ihrer Prämien von 33 %, also einen außerordentlich großen Geschäftszuwachs.

Bei aller Verunsicherung der Bürger scheint vielen die Aussicht auf eine Grundrente verlockend. Da diese über Steuergelder, also vom Staat, finanziert werden soll, hat sie schon fast Wohlfahrtsstaatscharakter. Doch was sind die Folgen?

Die angepeilte Umstellung auf das Kapitaldeckungsverfahren hätte gravierende Auswirkungen auf die junge Generation, derentwegen angeblich die Umstellung vom Umlage- zum Kapitaldeckungsverfahren betrieben wird. Sie würde mehrfach belastet: Die heute Jungen müßten erstens weiterhin mit ihren Beiträgen die Renten der Alten bezahlen; sie wären also bei den Beiträgen gar nicht entlastet. Sie müßten zweitens ihre eigene private Lebensversicherung bezahlen.

Das heißt, der Beitrag für die gesetzliche Rentenversicherung und für die private müßte addiert werden, was zu einer Rentenbeitragsbelastung von 22, 23, 25 % oder noch mehr führen würde. Der jungen Generation mutet man drittens zu, daß sie mit unsicheren Arbeitsverhältnissen fertig werden soll. Und dann soll viertens diese Generation auch noch akzeptieren, daß die ihnen nachwachsende Generation in 30 oder 40 Jahren keine Beiträge mehr für sie zu zahlen hat.

Es besteht die Gefahr, daß die steuerfinanzierte Grundsicherung für Alte nicht ausreichend hoch festgesetzt oder in Zeiten der Finanzknappheit nicht ausreichend einem Inflations- und Reallohnzuwachs angepaßt wird, während das gegenwärtige Rentensystem durch die formelmäßige Dynamisierung in Gestalt der Nettolohnanpassung dieses Problem bisher nicht hatte. Da Menschen gerade in jungen Jahren die Notwendigkeit der Vorsorge nicht sehen und deshalb nicht an eine private Zusatzversicherung zur Grundsicherung denken, wird die Altersarmut anwachsen. Dazu ein Zitat zur Praxis in Großbritannien aus der »ZEIT« vom 14. März 1997: »Nach dieser neoliberalen Maxime haben bereits die Briten ihr Rentensystem zugunsten privater Vorsorge umgebaut. John Bridgeman, Generaldirektor des auch für die Kontrolle privater Lebensversicherer zuständigen Office of Fair Trade, faßt die Stimmung unter den älteren Menschen im modernen Großbritannien so zusammen: ›Die Leute fürchten heute mehr, daß sie zu lange leben, als daß sie zu früh sterben, weil ihr Geld für einen einigermaßen auskömmlichen Lebensabend nicht mehr reicht.‹«

Daß politische Entscheidungen dieses Ausmaßes bei uns direkt oder indirekt auf die Interessen von privaten großen Konzernen zurückzuführen sind, ist sehr bemerkenswert. Die wirkliche Triebfeder der hier geplanten Revolution sind die Milliarden Prämien, die künftig bei den privaten Lebensversicherungen anfallen und die den gesetzlichen Rentenversicherungen fehlen werden.

Ob SPD und BündnisGrüne noch kompagnenfähig sind?

Die Rentenfinanzierung hat alle Dimensionen eines großen Wahlkampfthemas:

- Es betrifft viele Menschen.
- Es gibt einen wirklichen Konflikt. Die andere Seite muß und wird um ihrer Glaubwürdigkeit willen versuchen, diesem Konflikt auszuweichen.
- Die CDU/CSU ist in dieser Frage gespalten. Es gibt führende Politiker und zahlreiche Wähler der CDU/CSU, die genauso wie die meisten Sozialdemokraten und Gewerkschafter das System der sozialen Sicherung vor dem Ausverkauf an private Interessen retten wollen und die genau wissen, was gespielt wird.
- Es geht um viel Geld. Damit hat das Thema die Dimension des Themas »Großes Geld« der Wahl 1972. Damals hatten Teile der deutschen Wirtschaft mit mehreren Millionen Mark in den Wahlkampf eingegriffen, um Bundeskanzler Willy Brandt loszuwerden. Die SPD hat aus diesem Versuch der Einflußnahme ein großes Thema gemacht und gewonnen.

Das Thema Rentenfinanzierung wird ein guter Test dafür sein, ob die SPD und die BündnisGrünen fähig sind, eine Alternative zur konservativen Hegemonie zu entwerfen, zu propagieren und zu verteidigen. Das ist fraglich geworden. Teile der BündnisGrünen signalisieren deutliche Unterstützung für die Privatversicherungsvariante. Bei den »Modernisierern« der SPD ist es ähnlich. Das gilt nicht für die Rentenreformkommission der SPD und die große Mehrheit der Mitglieder und Verantwortungsträger.

Dennoch lohnt es sich in dieser Frage, eine gemeinsame Basis zu suchen und zu finden. Die soziale Sicherung ist das Vermögen der »kleinen Leute«. Wenn es nicht gelingt, ihnen dieses »Vermögen« zu erhalten, dann werden sie sich dem Umweltschutz, liberalen Rechtsauffassungen und Menschenrechtsfragen noch mehr verschließen, als dies heute der Fall ist.

Die Entscheidung über die Zukunft der Sozialstaatlichkeit fällt 1998

Es entscheidet sich in diesen Monaten, ob es den privaten Interessenten gelingt, den Zusammenbruch des jetzigen Sozialversicherungssystems endgültig einzuleiten. Es entscheidet sich, ob es gelingen könnte, den Menschen, die unter Dauerberieselung der Werbung zum Einstieg in eine Privatversicherung stehen und denen eingeredet wird, das soziale Sicherungssystem breche demnächst zusammen, wieder Sicherheit zu geben. Deshalb ist es höchste Zeit, die für das Renommee der Sozialstaatlichkeit entscheidende Weichenstellung zum großen Thema zu machen. Noch einmal: Es genügt nicht, die Ideologie der andern allein durch Sachargumente zu entkräften bzw. eigene Vorschläge zur Rentenreform gegen die anderen Reformvorstellungen zu setzen. Es ist wichtig, den Menschen zu sagen, warum ihnen Angst gemacht wird. Sie müssen das der Kampagne zugrundeliegende Interessengeflecht erkennen. Nur dann werden sich Emotionen und damit eine Gegenöffentlichkeit mobilisieren lassen.

5. Basiskompetenz Wirtschaftspolitik

Die Oppositionsparteien haben allen Grund, sich offensiv mit der Wirtschaftspolitik der Bundesregierung auseinanderzusetzen. Unser Land muß befreit werden von der lähmenden Diskussion der wirtschaftstheoretischen Schulen um die richtigen Instrumente der Wirtschaftspolitik. Angebotstheorie **oder** Keynes, Wettbewerbsfähigkeit verbessern **oder** Beschäftigung ankurbeln – was bringt dieses Denken in Ausschließlichkeiten? Es ist höchste Zeit, **alle** nützlichen Instrumente der Geld- und Wirtschaftspolitik anzuwenden, um Arbeitsplätze zu schaffen; also alles, was die Innovation stärkt und Kosten senkt *und* was die Nachfrage und Massenkaufkraft stärkt.

Die Binnenkonjunktur ankurbeln

Die Binnenkonjunktur stockt schon seit Jahren. Die Ausgaben für Konsum und Investitionen liegen in Deutschland wie in anderen Ländern Europas unter dem Produktionspotential. Unsere Volkswirtschaft produziert weit unter ihren Kapazitäten. Das ist eine Rezession, fast eine Depression, die von der Bundesregierung mit immer neuen Sparpaketen verschärft wird.[28] Wenn es so weitergeht, wird die Arbeitslosenquote in Ostdeutschland 1998 20 % und in Westdeutschland 12 % betragen. Die momentane Wirtschaftspolitik erinnert in erschreckender Weise an die Weimarer Republik, als unter Reichskanzler Brüning die Konjunktur durch immer neue Sparmaßnahmen abgewürgt wurde.

Die von neokonservativen Meinungsführern im Sinne der Angebotstheorie gestellten Forderungen sind fast vollständig erfüllt worden. Die Gewinne der Unternehmen sind gestiegen, vor allem die der großen Konzerne. Die Unternehmenssteuern wurden gesenkt, von 34 % 1982 auf 19 % 1995 (viele Weltkonzerne zahlen ohnehin kaum Steuern), die Lohnkosten sind niedrig gehalten worden. Die versprochene Investitionswelle ist aber ausgeblieben.[29] Statt dessen stieg die Arbeitslosigkeit.

Die neokonservative Ausrede – der Hinweis auf die Globalisierung und die angebliche Reformunfähigkeit – trägt nicht. Deutschland hat einen positiven Handelsbilanzüberschuß, wir liegen an zweiter Stelle knapp hinter den USA bei den Exporten. Als die Debatte um den angeblichen Niedergang des Standortes Deutschland so richtig auf Touren kam, exportierte die Bundesrepublik genausoviel wie Großbritannien und Frankreich zusammen.

Die Therapie der Neokonservativen ist falsch, weil ihre Diagnose falsch ist. Den Luxus einer Fehldiagnose leistet sich unser Land nun schon seit Jahren – zu Lasten von 7 Millionen Arbeitslosen und vielen Selbständigen, Handwerkern und Unternehmern, die stärker als die großen exportorientierten Konzerne auf die Binnennachfrage angewiesen sind.

Einfach ist es nicht, die Konjunktur wieder anzukurbeln, und ganz und gar nicht spektakulär. Es kommt darauf an, die Binnenkonjunktur zu stärken, die Zinsen müssen niedrig bleiben, damit die Finanzierung von Investitionen erleichtert wird. Der Staat muß aufhören, mit weiteren Sparbeschlüssen, die im Endeffekt weder zum Sparen führen noch Arbeitsplätze schaffen, die Schraube der Konjunktur weiter nach unten zu drehen. Wir müssen uns mit den europäischen Nachbarn auf eine klassische Wirtschaftsankurbelung mit Hilfe von Investitionsprogrammen verständigen.

Die Bonner Regierung lehnte eine aktivere Rolle der Europäischen Union in der Beschäftigungspolitik im Sommer 1997 mit dem Hinweis auf fehlende Gelder und aus ideologischen Gründen ab. Angesichts von 20 Millionen Arbeitslosen in Europa und des eklatanten Scheiterns der favorisierten Angebotspolitik ist die Fixierung auf die Euro-Kriterien, speziell das Beharren auf einer Verschuldungsbegrenzung von 3 %, höchst fragwürdig.

Auf europäischer Ebene ist Kooperation und Initiative gefragt. Wir haben alles Interesse daran, auch kleine Schritte gegen Steuer- und Lohndumping anzuregen und durchzusetzen.

Vor allem aber müssen unser Land und Europa heraus aus dem Stimmungstief. Konjunktur ist zur Hälfte Psychologie. An dieser Tatsache hat sich seit Erhard und Schiller nichts geändert, auch wenn noch so sehr gegen diese Erkenntnis verstoßen wird. Seit gut 5 Jahren wird der Ruf unserer Volkswirtschaft mit der Standortdebatte systematisch beschädigt. Wenn heute überall in der Welt von der »deutschen Krankheit« die Rede ist, dann ist das viel mehr ein Ergebnis von Stimmungsmache als durch Fakten gedeckt. Auch im Unternehmerlager macht sich diese Erkenntnis langsam breit. Es sei nicht wahnsinnig hilfreich, wenn Vertreter aus Politik und Wirtschaft »jeden Tag den Standort Deutschland totreden«, meint der Vorstandschef von Daimler-Benz, Jürgen Schrempp. Ähnlich äußerte sich der Vorstandsvorsitzende von Porsche.

Unseren Konkurrenten auf dem Weltmarkt nutzt diese Stimmungsmache gegen die deutsche Volkswirtschaft. Speziell Amerika. Die Zahlungsbilanzdefizite des reichsten Landes der Welt haben sich seit 1981, dem Beginn der Präsidentschaft Ronald Reagans, auf 1500 Milliarden $ kumuliert. Das entspricht etwa einem Drittel des heutigen Bruttosozialprodukts der USA. Dieses Leben auf Pump ist nur möglich, wenn das Vertrauen der Gläubiger gewahrt bleibt. Auch deshalb propagiert Bill Clinton das Modell Amerika als Vorbild für die Industrienationen und kann sich mit der gesamten amerikanischen Wirtschaft nur freuen, wenn man möglichst viel über die »deutsche Krankheit« spricht.

Die Bundesregierung und die sie stützenden neokonservativen Kräfte müssen für den teuren Ansehensverlust unserer Volkswirtschaft verantwortlich gemacht werden. Sie haben die unselige Standortdebatte jahrelang mit angefeuert, auch weil sie Alibis für ihr Versagen brauchten.

SPD und BündnisGrüne müssen offen über das Versagen der Regierung Kohl und seine Hintergründe reden. Der Wahlkampf muß von der Opposition genutzt werden, um eine wirtschaftliche Aufbruchsstimmung zu erzeugen, und zwar so rechtzeitig und deutlich, daß diese Aufbruchsstimmung nicht mit der alten, sondern mit der neuen Koalition verbunden wird. Es darf Kohl nicht noch einmal wie 1994 gelingen, mit einer vordergründigen Aufschwungpropaganda die Wahl zu entscheiden.

Die offensive Auseinandersetzung in der Wirtschaftspolitik wird dann gelingen, wenn einige wichtige Fragen innerhalb der politischen Linken geklärt werden. Da ist zum ersten der Streit um die Frage Wachstum ja oder nein? Einige Sozialdemokraten und vor allem die BündnisGrünen betrachten Wirtschaftswachstum per se als etwas Negatives, da es Ressourcen verbrauche und Umwelt vernichte. Doch kommt es ganz darauf an, was wächst: die Produktion von Umwelttechniken, von Solarenergieanlagen, von Lebensmitteln einer nachhaltig wirtschaftenden Landwirtschaft, die Pflegedienste in den Krankenhäusern, die Betreuung von Jugendlichen und das Training sogenannter Schlüsselqualifikationen erhöhen zweifellos den Wohlstand und die Lebensqualität. Für eine ganze Reihe anderer normaler Güter und Dienste gilt das auch. Viele Menschen arbeiten und leben weit unterhalb dessen, was man Wohlstand nennen könnte. Ihre Wohnungen könnten besser sein, ihre Kinder bräuchten eine niveauvollere Ausbildung. Viele Familien können es sich nur selten leisten auszugehen und haben kein Geld für eine Urlaubsreise. Die Ansicht, die Bedürfnisse seien generell gedeckt, ist geprägt von der Lebenslage der oberen Mittelschicht.

Da ist zum zweiten die Frage, ob es noch möglich und sinnvoll ist, Vollbeschäftigung anzustreben. Auch manche Sozialdemokraten, BündnisGrüne und Gewerkschafter sind angesichts der hohen Arbeitslosenziffern davon überzeugt, die Wirtschaftspolitik habe kaum noch Gestaltungsmöglichkeiten. Sie glauben, Wachstum könne keine Arbeitsplätze mehr schaffen, ja sie befürchten gar das Ende der Erwerbsarbeit.

Dazu könnte man anmerken: Den Neoliberalen ist es offenbar gelungen, das, was sie angerichtet haben, als ökonomisches Naturgesetz zu verkaufen. Damit sind sie frei von der Verantwortung für Arbeitslosigkeit und ihre Folgen.

Sachlich spricht nichts dagegen, Wachstum und auch Produktivitätswachstum anzustreben; es spricht nichts dagegen und alles dafür, Vollbeschäftigung anzupeilen, so schwer die Realisierung auch sein mag.

Die Standortdebatte vom Kopf auf die Füße stellen

Die miesmacherische Standortdebatte hat einen wahren Kern. Es ist richtig, immer wieder zu prüfen, wie die Wettbewerbsfähigkeit der Wirtschaft zu verbessern sei. Die interessante

Frage dabei ist, wie das am besten geschieht. Die Neokonservativen haben die Diskussion um die Standortqualitätsverbesserung in der Regel auf die Klage über zu hohe Löhne und Lohnnebenkosten, auf die angebliche Überregulierung und zu hohe Steuerbelastung reduziert.

Die Wettbewerbsfähigkeit hängt aber von sehr viel mehr Faktoren ab:

- von einer klugen und innovativen Technologie- und Forschungspolitik. Zu Recht wird kritisiert, daß der Etat des sogenannten Zukunftsministers schrumpft. Noch wichtiger wäre es, die vorhandenen Mittel klug einzusetzen. Bisher werden z. B. Großprojekte gefördert, für die nicht sachliche Erwägungen, sondern Einzelinteressen und der künstlich erzeugte öffentliche Druck sprechen. Das galt und gilt u. a. für den Schnellen Brüter, für die bemannte Weltraumfahrt und für den Transrapid. Die Auswahl der zu fördernden Techniken und Industrien orientiert sich sehr viel mehr daran, was Mode ist – gestern die Atomenergie, heute Genforschung und Gentechnologie – und was genügend öffentliche Lobby besitzt, als daran, was auch unter Beachtung weitreichender Folgen Zukunft hat. Die neue Koalition sollte eine technikfreundliche Sachdebatte um zukunftsfähige Techniken entfachen, sie sollte dabei Naturwissenschaftler, Techniker, Ethiker einbeziehen, die bisher nicht zum Establishment gehören. In diesem Kontext ist interessant, daß die Vereinigung der Industriephysiker die Milliarden für die bemannte Weltraumfahrt stets schon als rausgeworfenes Geld betrachtet hat. Wissen unabhängiger Experten über aussichtsreiche neue Techniken muß in Deutschland daher besser erfaßt und mit dem Etablierten konfrontiert werden. Dann kommt man künftig zu effektiveren Beschlüssen zur Forschungsförderung als in der Vergangenheit und Gegenwart.

  Es lohnt sich nicht in jedem Fall, den Spitzentechnologie-Entwicklungen anderer Länder hinterherzulaufen. Häufig ist es besser, das knappe Geld in eigene Forschungen auf anderen Feldern zu investieren, als den Marktführern bei Techniken, die als besonders modern *gelten*, hinterherzuhecheln. Es macht auch Sinn, schnell umsetzender Zweiter zu sein und technische Neuentwicklungen rasch zur Produktionsreife zu bringen.

Die Standortqualität hängt ab

- von der Qualität der Arbeitskräfte und ihrer ständigen Qualifizierung. Die Qualifikation deutscher Arbeitnehmer wird in einer Umfrage der EG-Kommission 1994 eindrucksvoll belegt. Die Bundesrepublik liegt hier mit 89 % Anteil beruflich qualifizierter Arbeitnehmer an der Spitze vor z. B. Dänemark (76), Frankreich (75) und Großbritannien (53). Das Bild verschlechtert sich zur Zeit. Um so dringlicher sind neue Impulse. Eine Studie des DIW ergab, daß in Zukunft »lebenslanges Lernen« stärker gefördert werden muß, damit Deutschland dem wachsenden Konkurrenzdruck auf dem Weltmarkt standhalten kann. Wenn in Deutschland in allen Schulen gezielte Programme zur Vermittlung von Schlüsselqualifikation eingeführt würden, wenn man Kindern und Jugendlichen mit modernen Unterrichtsmethoden Teamwork, Lernmethoden, Sozialverhalten und andere Schlüsselqualifikationen vermittelte, der »Standort Deutschland« wäre nach einiger Zeit unschlagbar. Außerdem hätte man zugleich einen wichtigen bildungsreformerischen Schritt getan.
- von der Kreativität der Arbeitnehmer, die auch durch soziale Absicherung gefördert wird. Sicherheit macht den Kopf frei für das Berufsleben und erhöht die »Risikobereitschaft«. Diese Zusammenhänge sehen die Neokonservativen in ihrer aufs Ökonomische begrenzten Denkweise nicht.
- von der Infrastruktur und der Wohn- und Lebensqualität,
- von der Leistungsfähigkeit des Staates, seiner Fähigkeit, klare Regeln zu setzen und sie für alle Unternehmen verbindlich zu machen,

- vom Funktionieren des Rechtsstaats, von einer effizienten Zivilgerichtsbarkeit,
- von der inneren Sicherheit und dem Kampf gegen Gewalt und Verbrechen,
- von der Fähigkeit zum strukturellen Wandel.

Dieser Wandel ist dann für die betroffenen Menschen zumutbar, wenn sie gegen die sozialen Härten des möglichen Arbeitsplatzverlustes abgesichert sind und sie die Chance haben, neue Arbeitsplätze zu finden. Auch deshalb ist eine konjunkturelle Verbesserung so wichtig. Eine insgesamt boomende Volkswirtschaft erleichtert Strukturveränderungen. Ein Blick auf die jüngere Wirtschaftsgeschichte zeigt das: Der Schwund von Arbeitsplätzen in der Landwirtschaft oder der Niedergang der Textil- und der Schuhindustrie konnten nur deshalb aufgefangen werden, weil die Wirtschaft zu jener Zeit insgesamt »unter Dampf stand«. Heute wären die großen Subventionsblöcke von Kohle und Landwirtschaft sehr viel sozialverträglicher abzuschmelzen, wenn die Konjunktur in Fahrt käme.

- Selbstverständlich hängt die Wettbewerbsfähigkeit zudem von den Lasten ab, die eine Volkswirtschaft zu tragen hat. Milliardenprojekte wie der Transrapid oder der Eurofighter, die durch Staatszuschüsse finanziert werden, belasten die Wettbewerbsfähigkeit. Sie hängen wie Klötze am Bein der Ökonomie.

Sowohl das Versagen der jetzigen Koalition in der Finanz- und Beschäftigungspolitik als auch die Engstirnigkeit ihrer Vorstellung zur Verbesserung der Wettbewerbsfähigkeit bieten den Oppositionsparteien gute Möglichkeiten zur Profilierung als wirtschaftskompetente Kraft. Nicht nur ökonomistisch denkende Manager, viele im Wettbewerb stehende Unternehmer, die nicht wie Großkonzerne auf »Staatsknete« hoffen dürfen, wenn sie sich verrechnet haben, verlangen mit Recht nach einer differenzierteren Diskussion. Mit ihnen in den Dialog zu treten lohnt sich.

6. In der Umweltpolitik wenigstens tun, was auch wirtschaftlich sinnvoll ist

Den Bürgern ist Umweltpolitik wichtiger, als oft angenommen wird. Immerhin halten 62 % der Westdeutschen und 65 % der Ostdeutschen Umweltschutz für ein sehr wichtiges Thema. Die rot-grüne Gruppierung hat dort auch einen eindeutigen Vorsprung in der Kompetenzeinschätzung durch die Wähler. Außerdem kann man nach aller Erfahrung vermuten, daß die Bürger, die sich in einem Wahlkampf für eine solche Koalition engagieren würden, in besonderer Weise an Umweltschutz interessiert sind. Man muß sogar vermuten, daß sie ihr Engagement sehr stark davon abhängig machen, ob sie der Verpflichtung der beiden potentiellen Koalitionsparteien für den Umweltschutz vertrauen.

Der richtige Gebrauch dieses Themas wird jedoch immer wieder erschwert durch eine zutiefst unsinnige Debatte um den angeblichen Gegensatz von Umweltschutz und Arbeitsplatzsicherung. In einigen Kreisen der SPD gibt es eine törichte Neigung, sich an diesem angeblichen Gegensatz zu ereifern. Der Widerstreit mag bislang aus betriebswirtschaftlicher Sicht da und dort gelten. Doch ihn zu kultivieren bringt in der Sache und politisch nichts.

Die neue Koalition muß zeigen, daß Umweltschutz nicht nur für Natur und Umwelt, sondern auch für die wirtschaftliche Zukunftsfähigkeit unseres Landes von höchster Bedeutung ist. Umweltschutz schafft Arbeitsplätze. Eine solare Energiewende könnte nach Schätzungen der EU-Kommission in Deutschland 1,1 Millionen neuer Arbeitsplätze schaffen, eine ökologische Steuerreform brächte nach Schätzung des DIW 650 000 neue Arbeitsplätze.[30] Voraussetzung ist, daß der Staat rechtzeitig Daten setzt, Anreize schafft und so Umstrukturierungen ermöglicht.

Andere Nationen haben das Zukunftspotential, das die Ökologie bereithält, längst erkannt und setzen diese Erkenntnis konsequenter um als die Bundesrepublik. Zwar ist Deutschland immer noch eines der führenden Länder auf dem Gebiet der Umwelttechnik, leider aber mit fallender Tendenz. Die USA haben inzwischen die Spitzenstellung übernommen. Japan und Südkorea setzen in ihrer Exportstrategie ausdrücklich auf Umwelttechnik. In Dänemark hatte eine ökologische Steuerreform ökonomisch großen Erfolg. Durch das höhere Steueraufkommen konnte der Faktor Arbeit finanziell entlastet werden. Im Bereich energiesparender Techniken entstand eine zusätzliche Nachfrage. Auch Südkorea und Neuseeland planen inzwischen die Einführung einer Energiesteuer.

Der britische Premierminister Tony Blair hat bei der UN-Umweltkonferenz in New York am 23. Juni 1997 erstaunlich deutlich für eine Kombination von ökonomischem und ökologischem Fortschritt geworben. Die erfolgreichsten Unternehmen, so Blair, realisierten, daß neue, saubere Produktionsprozesse und attraktive »grüne Produkte« wachsende Märkte und mehr Jobs bedeuten. Wirtschaftlich und ökologisch sinnvoll handeln, das sei ein simultaner Prozeß. Man mag ja Zweifel haben, ob solche Reden ihre Entsprechung in der praktischen Politik im Land und in Europa finden, aber Blair setzt zumindest Signale.

Da in Frankreich ökologisch aufgeschlossene Sozialisten mit den Grünen regieren und Dänen, Schweden und Österreicher ohnehin offen sind für ökologische Fortschritte und den dogmatischen Streit zwischen Umweltschutz und Arbeitsplatzsicherung beenden wollen, hätte eine neue rotgrüne Koalition in Deutschland große Chancen, in der EU neue umweltpolitische Akzente zu setzen.

In der Wahlauseinandersetzung sollte man sich auf umweltpolitische Vorhaben konzentrieren, die ökologisch dringlich und zugleich ökonomisch sinnvoll sind. Zum Beispiel die Verkehrspolitik:

– Als klassisches Durchfahrtsland haben wir in Deutschland unter dem explosiv wachsenden europäischen Güterstraßenverkehr besonders zu leiden. Allein von 1990 bis 1995 stieg dieser Verkehr, in gefahrenen Kilometern gerechnet, um 27 % an. Tomaten werden von Holland durch unser Land nach Moskau transportiert, Schweine von Belgien nach Südtirol, Bleche von Deutschland nach Spanien. Das ist ökologisch *und* ökonomisch höchst fragwürdig. Die Kosten dieses überbordenden Verkehrs auf der Straße sind abschätzbar: Allein durch Luftverschmutzung, Unfälle und Lärm entstehen jährlich Schäden von über 500 Milliarden Mark[31] in Westeuropa. Der Transport auf der Straße trägt also bei weitem nicht alle seine Kosten, vor allem nicht die Kosten der Zerstörung von Umwelt und Gesundheit.

Die Lösung des Problems wäre, den Spediteuren und Transportunternehmen die echten Kosten des Verkehrs anzulasten, also auch die sogenannten externen Kosten. Heute geschieht das Gegenteil: In Ländern wie Holland, Dänemark, Belgien und Frankreich werden die Transportunternehmen mit niedrigen Steuersätzen subventioniert. Müßten die Verursacher der Umweltbelastung für die Folgen aufkommen, dann könnte man darauf hoffen, die extremen Güterverkehrs*zuwächse* zu reduzieren. Dann könnte sich in Europa eine kleinräumigere, durchaus attraktive Arbeitsteilung herausbilden. Das würde sich sogar ökonomisch lohnen, weil Ressourcen für Transport gespart würden. Das läge im Interesse aller. Weniger Lärm, geringere Verschmutzung, geringere Ozonbelastung, weniger zerstörte Landschaften und weniger Vergeudung von Ressourcen, und doch eine wirtschaftlich sinnvolle Arbeitsteilung, das ist von Vorteil.

Eine solche Umstrukturierung könnte sich ohne große Brüche vollziehen, wenn die neue politische Mehrheit einen 10-Jahres-Stufenplan vorlegte, an dem sich Unternehmen und Spediteure langfristig bei ihren Entscheidungen für Standorte, Liefer- und Transportbedingungen orientieren könnten.

– Es ist wichtig, endlich den Luftverkehr mit den Kosten zu

belasten, die er verursacht. Anders als Mineralöl wird Kerosin nicht besteuert, obwohl die Indizien dafür, daß der Flugverkehr die schützende Ozonschicht beschädigt, groß sind.

- Ein Programm zur Förderung von Solarenergie kurbelt Investitionen und Innovationen an, sichert den Anschluß an einen Zukunftsmarkt, trägt dazu bei, den Kohlendioxidausstoß zu reduzieren und Ressourcen zu schonen.
- Aktiver Klimaschutz, wie auf der sogenannten Rio-Konferenz Umwelt und Entwicklung der Vereinten Nationen 1992 beschlossen, wird von der jetzigen Bundesregierung nicht umgesetzt. Der CO_2-Ausstoß in Deutschland steigt kontinuierlich an. Die erhebliche Reduktion von rund 10 % zwischen 1990 und 1994 ist allein auf den Zusammenbruch der Industrie in den neuen Bundesländern zurückzuführen. Hier sind Innovationen und neue Investitionen nötig. Sie sind möglich, wenn eine Regierung die nötigen Rahmenbedingungen und Gesetzesvorlagen schafft.
- Im Sinne einer langfristigen Umweltpolitik ist eine Energiesteuer nach wie vor das beste Instrument, um die Weichen neu zu stellen. Den Energieverbrauch zu verteuern und im Gegenzug die Kosten der Arbeit zu entlasten ist sowohl ökologisch wie auch ökonomisch sinnvoll. Die Industrie wäre zu Innovationen gezwungen, müßte sich auf erneuerbare Energie umstellen und den Verbrauch von Energie senken. Dadurch entstehen zukunftsfähige Arbeitsplätze. Auch eine solche allgemeine Energiesteuer sollte in Etappen eingeführt werden, damit die Industrie die Möglichkeit erhält, sich ohne Produktions- und Kostenbrüche umstellen zu können.

Alle diese Vorschläge sind wie Reformen im sozialen Bereich leichter umzusetzen, wenn sie von neuen Initiativen auf europäischer Ebene begleitet werden. Eine rot-grüne Koalition kann diese Chancen wahrnehmen, die bisherige Koalition wird das nicht tun. Auch das spricht für den Wechsel.

7. Eigene Akzente in der Außen- und Sicherheitspolitik

Bei bisherigen Wahlsiegen der SPD spielte die Außenpolitik immer eine Rolle: 1969 wurden die Anfänge der Ostpolitik zur Wahl gestellt, die CDU/CSU hatte sich in der Hallstein-Doktrin verfangen. 1972 ging es zentral um die Bestätigung der Ostverträge durch die Wähler. Sogar bei Landtagswahlen wie der nordrhein-westfälischen im Mai 1980 wurde die Außenpolitik als Element der Profilierung genutzt; damals versuchten sich Genscher und die FDP unter dem Eindruck des Einmarsches der Sowjetunion in Afghanistan von der Entspannungspolitik zu verabschieden. Helmut Schmidt bestand auf Fortsetzung des Dialogs und trug damit zur absoluten Mehrheit der SPD in Nordrhein-Westfalen bei.

Heute gibt es in der Außen- und Sicherheitspolitik fast keine Differenzen zu Kohl. Von sozialdemokratischer Seite und auch von seiten der BündnisGrünen werden eher Gemeinsamkeiten als Differenzen betont, auch bei Themen wie NATO-Osterweiterung und Auslandseinsätzen der Bundeswehr. Kein Wunder, daß bei der Frage nach der Kompetenz – konkret nach der außenpolitischen Stabilität und Zuverlässigkeit – die CDU/CSU mit 44 % weit vor der SPD mit 21 % liegt. Das ist zum einen das Ergebnis eines geschickten Verhaltens von Kohl, zum anderen aber auch der geistigen Hegemonie der Konservativen in diesem Bereich.

SPD und BündnisGrüne entwickeln in der Außen- und Sicherheitspolitik kein eigenes deutliches Profil. Zu vielen brisanten Fragen schweigen sie. Dahinter steckt verständliches taktisches Kalkül, aber auch interner Druck vieler Parteifunktionäre, die in der Außen- und Sicherheitspolitik seit Jahren Positionen der US-amerikanischen Regierung und der NATO vertreten. Sie sehen ihre Aufgabe offenbar darin, diese zusammen mit Freunden bei CDU/CSU und FDP in die deutsche Innenpolitik zu transferieren. Das ist legitim, muß allerdings als erfolgreicher Versuch der Fremdbestimmung gewertet werden.

SPD und BündnisGrüne werden überlegen müssen, ob es angeht, ohne außenpolitische Profilierung in die Wahlauseinandersetzung zu gehen; sie werden aus sachlichen Gründen überlegen müssen, ob es Sinn macht, daß Deutschland weiter eine Politik mitmacht, bei der ein altes und erfolgreiches Prinzip der SPD einfach so beiseite geschoben wird: das Prinzip, sich in die Situation des andern zu versetzen und dessen Interessen und Empfinden bei eigenen Planungen und Entscheidungen Rechnung zu tragen. – So haben Willy Brandt und Egon Bahr 1963 die Entspannungspolitik konzipiert. Zwischen 1966 und nach der Kanzlerschaftsübernahme 1969 konnte sie in Absprache mit den westlichen Verbündeten in Gang gesetzt und 1972 bestätigt werden. Die SPD hat damit den größten politischen Erfolg ihrer bisherigen Geschichte erreicht: den Abbau der Ost-West-Spannung.

Heute ist eine ähnliche, auf Verständigung ausgerichtete, Denkweise wieder nötig – z. B. im Umgang mit dem Islam und vor allem im Umgang mit Rußland. Die Bundesrepublik hätte vorsichtiger mit dem Begehren der Militärs und einiger Staaten Mittelosteuropas zur NATO-Osterweiterung umgehen müssen. Es sollte alles vermieden werden, was die innere Entwicklung Rußlands in eine nationalistische Richtung treibt, die jenem Land und auch uns schadet. Es ist noch immer sinnvoll, auf ein gesamteuropäisches Sicherheitssystem zu pochen und daran zu arbeiten.

George F. Kennan, ein Rußlandexperte und ehemaliger amerikanischer Diplomat, fragte in einem Beitrag für die »ZEIT«, warum sich die Ost-West-Beziehungen – bei all den hoffnungsvollen Möglichkeiten, die das Ende des Kalten Krieges geschaffen hat – ausgerechnet um die Frage drehen sollen, wer mit wem und gegen wen in einem höchst unwahrscheinlichen künftigen Krieg verbündet wäre.

In seinem Sinne haben sich auch 46 weitere führende außenpolitische Köpfe in einem offenen Brief an Clinton zu Wort gemeldet. Sie geißeln die Brüsseler Entscheidung zur

NATO-Osterweiterung als »politisch-strategischen Irrtum von historischen Ausmaßen«.[32]

Die westliche Diplomatie und Öffentlichkeit stellt für Militärbündnisse große Beträge zur Verfügung, zivile Probleme, soziale und ökonomische Schwierigkeiten, Umweltzerstörung und das Leid der Menschen in den Ländern des ehemaligen Ostblocks verschwinden aber weitgehend aus dem Blickfeld. Die Konflikte im Kaukasus und in Zentralasien haben mehr als 600 000 Kinder aus ihrem Zuhause vertrieben, im ehemaligen Jugoslawien sind es 4 Millionen Kinder. In beiden Fällen blieben schwerwiegende psychische und physische Folgeschäden. In Mittelosteuropa hat sich die Zahl der Kinder, die unterhalb der Armutsgrenze leben, in den 90er Jahren auf 2½ Millionen verdoppelt. In Rumänien und Bulgarien betrifft dies jedes zweite Kind, in Rußland über 75 %. In Polen leiden 60 % der Kinder an unterschiedlichen Formen der Unterernährung, 10 % davon permanent. 700 000 Kinder in Mittelosteuropa haben einen Elternteil durch vorzeitigen Tod verloren. Mit Ausnahme von Ungarn und Slowenien ist der Prozentsatz der Kinder, die vom Kindergarten bis zum Gymnasium eingeschult sind, überall zurückgegangen. Hinzu kommen die riesigen Nachfolgeprobleme der militärischen Rüstung: die Verseuchung der Umwelt durch Gifte und Atommüll, die Konversion der Rüstung.

Die einseitige Ausrichtung auf das Militärische wird von der Rüstungsindustrie in den NATO-Staaten und den Militärs jener Ländern forciert, die in diese Organisation aufgenommen werden wollen. Für die einen ist mit der Modernisierung der neuen NATO-Armeen ein wichtiger ökonomischer Gewinn und für die anderen ein großer Prestigegewinn verbunden. Im Interesse der Gesamtgesellschaft sollten in Polen, Tschechien und Ungarn aber ganz andere Prioritäten gesetzt werden.

Eine große Rolle wird in der Zukunft das Verhältnis zum Islam spielen. Bevor sich die Gräben weiter vertiefen, muß

Europa die ideologischen Konflikte entschärfen, Fronten abbauen und Vorurteilen offensiv begegnen. Ein Dialog mit den Herrschern und den Völkern der arabischen und islamischen Welt kann Brücken zum Süden bauen, statt zuallererst, wie es derzeit geschieht, auf die militärische Absicherung gegen die vielfältigen Konfliktmöglichkeiten mit der dritten und islamischen Welt zu sinnen. Das ist trotz aller Schwierigkeiten billiger, humaner und vor allem friedlicher.

Fazit: SPD und BündnisGrüne sollten aus sachlichen und politstrategischen Gründen auch in der Außen- und Sicherheitspolitik klare, eigene Positionen beziehen.

8. Gegen Gewalt – ein Thema der Linken

Gewalt und Kriminalität werden ein Thema der Wahlauseinandersetzung werden. Die Rechte hat dieses Thema immer genutzt und sich stets als Hüterin von Recht und Ordnung dargestellt. Frühere Ansätze rot-grüner Zusammenarbeit wurden von ihr dadurch denunziert, daß sie die Grünen mit steinewerfenden Chaoten assoziierte. Variationen dazu sind auch in den künftigen Wahlkämpfen zu erwarten. Schon deshalb ist es richtig, das Thema Innere Sicherheit zu einem eigenen Thema zu machen, auf eigene Art und ohne die Angst der Menschen vor Gewalt zu mißbrauchen. Der Zusammenhang von rücksichtsloser ökonomischer Gewalt, die aus neokonservativem Denken resultiert, und krimineller Gewalt bietet Anlaß zur selbstbewußten und effektiven Debatte der Linken. Die Ausweglosigkeit des neokonservativen Kampfes gegen das Verbrechen, die Ratlosigkeit des nur noch strafenden Staates manifestiert sich beispielhaft in der Hausse des amerikanischen Gefängniswesens und der im Vergleich zu Deutschland rund zehnfachen Rate weggesperrter Mitbürger. Dort haben sich die politisch Verantwortlichen offenbar entschieden, ihr Heil im Strafen und Wegsperren zu suchen. Das kann nicht der Weg einer humanen und demokratischen Gesellschaft sein.

Das Thema ist heikel und emotionsbeladen. Es kann »kippen«, ganz nach rechts. Dies wird geschehen, wenn die politische Linke nicht von sich aus früh und offensiv die Meinungsführung zu übernehmen sucht, allerdings nicht, indem sie – wie bei der Hamburger Bürgerschaftswahl – die konservativen und rechtsradikalen Parolen verstärkt.

Das beginnt bei einer ehrlichen Diagnose. Es gibt Zuwächse an Kriminalität, die bedrückend sind: Das gilt für die Drogenkriminalität, für Teile der organisierten Kriminalität und vor allem für die Jugendgewalt. Parallel dazu wächst die Angst in der Bevölkerung. In der Debatte um Gewaltbekämpfung helfen die typischen »Entweder-Oder«-Formationen unsachlicher Auseinandersetzungen nicht weiter. Erster Ansatzpunkt ist die Forderung nach einer effizienteren und präsenteren Polizei. Auch die klassische Verbrechensbekämpfung mit modernen Methoden muß ein Anliegen der Linken sein. Die Polizei muß in den Wohnvierteln präsent sein. Die technische Ausstattung muß verbessert werden. Teilweise wird mit vorsintflutlichen Methoden gearbeitet. Es ist in einem Land wie der Bundesrepublik Deutschland, das Menschen verschiedener ethnischer Herkunft beherbergt, sinnvoll, Personen aus diesen ethnischen Gruppen in die Polizei aufzunehmen. Sprachschwierigkeiten werden so begrenzt. Außerdem muß die Zusammenarbeit mit den anderen Ländern Europas verbessert werden, etwa bei der Bekämpfung internationaler Drogenringe, der Zigarettenmafia und der Umweltkriminalität.

Der zweite Schwerpunkt liegt bei der Bekämpfung der Ursachen, bei der Gewaltprävention. Vor allem die stark ansteigende Kriminalität von Jugendlichen und Ausländern hat etwas mit Perspektivlosigkeit, sozialer Ungerechtigkeit und Ausgrenzung zu tun. Der Hannoveraner Kriminologe Christian Pfeiffer weist mit Recht auf die wachsende Diskrepanz von Arm und Reich als unmittelbarem Auslöser von Jugendkriminalität hin. Zwischen 1987 und 1993 hat sich die Zahl der Haushalte verdreifacht, denen ein monatliches Nettoeinkommen von 10 000 DM und mehr zur Verfügung steht. Im gleichen Zeitraum verdoppelte sich in den Großstädten die Zahl der jugendlichen Sozialhilfeempfänger, die mit dem wachsenden Reichtum der Gleichaltrigen konfrontiert werden. In der Fernsehwerbung wird täglich für phantastische Produkte geworben, die sie sich nie und nimmer leisten können. Den daraus wachsenden Frust hält Pfeiffer für eine der wichtigen Ursachen für die zunehmende Jugendkriminalität. Deshalb ist die Bekämpfung von Arbeitslosigkeit, Perspektivlosigkeit und die Sorge um mehr Gerechtigkeit auch zugleich ein Kampf gegen die Gewalt. Die beste Kriminalpolitik ist nun mal eine gute Arbeitsmarkt- und Sozialpolitik, so Pfeiffer in einem Interview mit der »WOCHE« vom 1. August 1997. Es ist nur schwer zu verstehen, warum solche Erkenntnisse von Wissenschaftlern, die die Position von Sozialdemokraten und BündnisGrünen bestärken, von diesen nicht zu einem massiven und anhaltenden Angriff auf CDU und CSU genutzt werden.

Verbrechensbekämpfung *und* Vorsorge gehören zusammen. Die Neoliberalen wollen dies nicht verstehen, weil sie dann zugeben müßten, daß sie weltweit die Hauptverantwortlichen für die wachsende Gewalt sind.

Verbrechensbekämpfung muß bei der mentalen Anleitung bzw. Vorbereitung zur Gewalt ansetzen. Der derzeitige Zeitgeist duldet und bewundert aggressives Verhalten. Rücksichtslose Karrieremenschen werden als Vorbilder gehandelt, und die neuen Helden sind Finanzmakler, die durch geschickte Spekulationen viel Geld machen, ohne etwas zu produzieren. Fairneß und Mitgefühl dagegen werden als Ballast betrachtet, abgewertet und lächerlich gemacht. In den Medien wird Gewalt als effektives Mittel der Konfliktbewältigung verherrlicht. Dies zu reduzieren, entweder durch freiwillige

Aktion der Programmveranstalter oder durch gesetzliche Regeln, wird eines der wichtigen politischen Ziele sein müssen. Warum ist *Gewalt in den Medien* kein Dauerthema der SPD? Dabei könnte sie auf Helmut Schmidt verweisen, der als Bundeskanzler rechtzeitig vor solchen Folgen der Kommerzialisierung des Fernsehens gewarnt hat. Die Regierung Kohl hat die Kommerzialisierung des Fernsehens wegen des Profits betrieben. Warum greift die SPD nicht auf, daß die Flut von Gewalt, die sich täglich per Bildschirm in die deutschen Wohnzimmer ergießt, von der christlich-liberalen Koalition zu verantworten ist?

In den konservativ regierten Ländern wird Innere Sicherheit immer mehr privatisiert. Wer viel Geld hat, kann sich privaten Schutz kaufen. Die Linke muß auf die effiziente Durchsetzung des staatlichen Gewaltmonopols drängen und zugleich versuchen, die gesellschaftlichen Ursachen der Gewalt zu bekämpfen. Das Ziel muß sein, daß man auch in 20 Jahren abends ohne Angst durch die europäischen Städte gehen kann. Auch hier können die europäischen Staaten in einen friedlichen Wettbewerb mit den USA eintreten und deutlich machen, daß das europäische Modell nicht nur humaner, sondern auch produktiver ist. Ein Land, dessen Einwohner sich frei bewegen können, ist auch als Investitionsstandort attraktiv. Als Land, in dem es sich zu leben lohnt, sowieso.

Aufbau einer Gegenöffentlichkeit mit Hilfe einer breiten Bürgerbewegung

In Italien hat eine breite Bürgerbewegung mitgeholfen, den letzten Regierungswechsel gegen die Medienmacht eines Berlusconi durchzusetzen; in Frankreich trat eine soziale Bewegung auf den Plan, um eine Wende zugunsten Lionel Jospins Koalition zu erreichen; in Großbritannien spielte die Mobilisierung vieler Bürger eine größere Rolle, als die Berichterstattung über die kluge Strategie Blairs erkennen läßt. Das sind ermutigende Anzeichen. Der letzte Umschwung in Deutschland zugunsten des linksliberalen Lagers 1969 wurde von einer Aufbruchsstimmung und von einer engagierten Bürgerbewegung, der damaligen Sozialdemokratischen Wählerinitiative, getragen. Das ist lange her, aber heute noch möglich – das beweisen die Ereignisse in unseren Nachbarländern.

Die Wende ist dringlich. Und schwierig. Sie ist dringlich, weil die neokonservativen Kräfte gescheitert sind. Sie ist schwierig, weil sie die geistige und mediale Vorherrschaft erobert haben. Wer diese als Bürgerin und Bürger brechen will, muß sich selbst einbringen.

Eine Wende wird nur möglich sein, wenn es gelingt, eine breite Öffentlichkeit zu mobilisieren. Die neokonservative Hegemonie und die damit zusammenhängende Medienbarriere machen es nötig, den Wahlkampf der Opposition in eine breite Bürgerbewegung einzubetten. Nur mit einem kräftigen Schub, sowohl an Wählerstimmen als auch an Ideen und an Begeisterung für Inhalte, wird es zu einem Wechsel in Bonn kommen. Damit ist nicht nur ein Regierungswechsel gemeint, sondern eine grundsätzliche Umorientierung in der Politik unseres Landes. Eine Umorientierung, die nicht auf radikal neuen Konzepten beruht, sondern der Vernunft ihre angemessene Stelle im politischen Entscheidungsprozeß zurückgibt.

Gefordert ist der Aufbau einer neuen, sozialen Bewegung. Ihre gemeinsame Basis ist die Einsicht, daß es sich lohnt, für Sozialstaatlichkeit und Demokratie zu streiten. Zu dieser Bewegung sollten sozial engagierte Arbeitnehmer und Gewerkschafter genauso gehören wie Wertkonservative, denen der Verrat an bürgerlichen Traditionen durch die Neokonservativen ein Dorn im Auge ist, engagierte Mitglieder der Parteien und der Kirchen und die nach Orientierung suchende Jugend, jene deutschen Unternehmer und Manager, die sich sehr wohl für soziale und ökologische Belange interessieren und nicht nur ein eng verstandenes Eigeninteresse im Auge haben.

Zur großen Bürgerbewegung sollten alle freiheitlich und ökologisch engagierten Menschen in Deutschland gehören; alle in West und in Ost, die nie begreifen konnten, wie man die Chancen des Neuanfangs von 1989/90 so grundlegend verspielen konnte, jene, die lange darauf gewartet haben, daß man den Mut hat, deutlich zu formulieren: Es gibt eine Alternative zum gescheiterten Kommunismus und zur menschenfeindlichen Ideologie des reinen Kapitalismus.

Zum großen Bürgerbündnis gehören auch jene, die ahnen, welcher massiven Manipulation sie täglich ausgesetzt sind. Alle Menschen, die aufatmen, daß es wieder politische Kräfte gibt, die sich dem gemachten Zeitgeist entgegenstemmen, und mit ihnen zusammen versuchen wollen, hinter die Kulissen zu schauen, aufzuklären und wirklich sachorientierte Lösungen für die Probleme unserer Zeit zu finden.

Die Bürgerbewegung braucht die Gewißheit, daß ihr Engagement nicht umsonst ist. Es muß von Anfang an sichergestellt sein, daß ein Bündnis zwischen Bürgerbewegung und Politik besteht und daß die politischen Kräfte der Wende auch nach der (gewonnenen) Wahl nicht dem konservativen Druck nachgeben. Diese Bewegung wäre also zweierlei: Grundlage für den Wahlerfolg und gleichzeitig die Kontrolle für die Umsetzung der politischen Ziele, für die sie sich eingesetzt hat.

Ihre Kraft resultiert aus der Gewißheit, daß Menschen stärker sind als Parolen. Wer einen Menschen im Gespräch überzeugt, wirkt nachhaltiger, wer einen politisch Verdrossenen anspricht, hat sehr viel mehr Chancen, ihn aus der Lethargie zu lösen, als es Medien und gekaufte Werbung vermögen. Mit personaler Kommunikation Orientierung zu geben, also meinungsführend und meinungsbestimmend auf das öffentliche Geschehen einzuwirken, ist ihre große Chance. Sie muß sich auf viele Menschen stützen und daher lokal verankert sein. In Städten und Dörfern müssen sich viele kleine Gruppen bilden.

Im Sommer 1997 existierte eine solche Bürgerbewegung noch nicht. Aber es gibt Anstöße. Die Erfurter Erklärung war ein solcher. – In Frankfurt am Main haben sich Menschen in einer Bürgerinitiative »Denkfabrik« zusammengetan. – Der Heidelberger Graphiker Klaus Staeck hat im August 1997 im Rahmen seiner »Aktion für mehr Demokratie« einen von Walter Jens, Erich Loest, Friedrich Schorlemmer, Katja Epstein, Walter Riester, Johannes Mario Simmel, Volker Schlöndorff und anderen unterzeichneten Aufruf verbreitet.

Diese Initiativen bleiben jedoch bisher ohne breite Wirkung, denn es fehlt der organisatorische Rahmen, der ein konkretes Engagement vieler Menschen erst ermöglichen könnte.

Hier muß die SPD ansetzen, indem sie organisatorische Hilfe für die einzelnen Gruppen der Bürgerbewegung und für eine organisatorische Klammer auf Länder- und Bundesebene anbietet. Die SPD-Spitze selbst sollte zur Gründung von Bürgerinitiativen aufrufen. Ein solcher Aufruf, eine ganzseitige Anzeige in allen Zeitungen etwa, muß die Dringlichkeit der politischen Wende und die beschriebenen Hürden, vor allem die Medienbarriere gegen einen politischen Wechsel erläutern. Es muß ganz klar werden, warum sich in dieser Situation Bürger engagieren müssen. Der Aufruf muß Herz und Verstand ansprechen und dazu anregen, mit anderen darüber zu reden.

Wenn man es schaffen will, die geistige Hegemonie des Neokonservativismus zu brechen, dann muß man unsere Situation ehrlich und radikal analysieren und die Wahrheit über den Zustand des Landes, über demokratiegefährdende Entwicklungen, über den schlampigen Umgang mit der Verfassung, über die Beliebigkeit der »Modernisierung«, über den Niedergang der Wissenschaft, über die Anpassungsneigung von SPD und BündnisGrünen radikal formulieren. Die Bürgerbewegung braucht Menschen, die die Wahrheit über die bundesdeutsche Realität sehr viel härter formulieren als die SPD und die BündnisGrünen selbst. Unser Land braucht ein paar »Hofnarren«, ein paar Leute, die keine Rücksicht auf die Vorurteils- und Gefühlswelt eingefahrener Kreise nehmen.

Es wäre wichtig, daß eine solche »Hofnarreninstanz«, ein geistiges Zentrum derer, die gegen den Strom zu schwimmen bereit sind, von den Stiftungen der beiden bisherigen Oppositionsparteien, also von der Friedrich-Ebert-Stiftung und der Heinrich-Böll-Stiftung, gefördert würde. Eine solche Zusammenarbeit wäre ein Signal für den gemeinsamen Willen von SPD und BündnisGrünen zur geistigen und politischen Wende. Es wäre eine Einrichtung, die sinnvollerweise über den Wahltag hinaus erhalten werden sollte.

Nur aus einer offenen und tabulosen Diskussion folgen vernünftige und wirklich moderne Anstöße. Weil das so ist, muß die SPD solche Leute akzeptieren und stützen. Die SPD muß die Avantgarde des Denkens und der Kreativität ermuntern, statt sie zu bremsen.

Überhaupt – mit Bremsen, mit Zögern ist die Wende 1998 nicht zu schaffen. Angesichts des gegenwärtigen Desasters gibt es Grund zum Selbstbewußtsein. Die vielen tausend Menschen, die sich engagieren, die Andere ansprechen und für den politischen Wechsel werben, können das mit der Gewißheit tun, daß sie eine Richtungsentscheidung für die Zukunft treffen. Die Widerstände gegen diese Richtungsentscheidung sind groß. Das ist verständlich. Es geht um viel. Genau das motiviert aber auch. Wir wollen in einem gerechten Land leben. Wir wollen die soziale Sicherung erhalten. Wir wollen schonend mit Natur und Umwelt umgehen. Wir wollen, daß endlich wieder Vernunft und Weitsicht regieren. Wir wollen unseren eigenen Weg, den europäischen Weg gehen. Dafür lohnt sich der Aufbruch.

Anmerkungen

1 Interview im »SPIEGEL«, 37/1997.
2 Autorin des in Frankreich viel beachteten und erfolgreichen Buches »L'horreur économique«, Paris 1996, dt.: Der Terror der Ökonomie. Wien 1997.
3 Philippe Séguin, En attendant l'emploi. Paris 1996.
4 Frankfurter Allgemeine Zeitung, 9. September 1997.
5 DIW Wochenbericht vom 3. Juli 1997
6 Frankfurter Rundschau, 18. April 97.
7 ISI 18, Informationsdienst Soziale Indikatoren, Ausgabe 18, Juli 1997.
8 Interview mit der »Frankfurter Rundschau«, 13. Juni 1997.
9 SPIEGEL, 21/1997.
10 Gemeint ist damit die wirtschaftstheoretische Empfehlung, nur jene Instrumente der Wirtschafts- und Finanzpolitik einzusetzen, mit denen die Wettbewerbsfähigkeit einer Volkswirtschaft, also ihre Angebotsbedingungen, auf dem Weltmarkt zu verbessern ist: Zum Beispiel Steuern und Abgaben senken, Löhne niedrig halten, neue Techniken einführen usw.
11 Zum Beispiel Die WOCHE, 11. Juli 1997.
12 Süddeutsche Zeitung, 23. Juli 1997.
13 Quelle: Statistisches Taschenbuch 1996, Arbeits- und Sozialstatistik des Bundesministeriums für Arbeit und Sozialordnung.
14 Siehe dazu auch Wolfgang Engler, Berliner Republik in Bedrängnis. In: Hannah Arendt und die Berliner Republik. Berlin 1996; Manfred Buchwald, Medien-Demokratie. Auf dem Weg zum entmündigten Bürger. Berlin 1997.
15 Vgl. dazu auch Buchwald, Medien-Demokratie.
16 Ab 1. September 1997 mindestens 16 Mark im Westen und 15,14 im Osten Deutschlands.
17 Entspricht etwa dem damaligen Gesamtbild der Umfrageergebnisse.

18 Durchschnittswerte mehrerer Umfragen.

19 DIE WOCHE, 1. September 1994.

20 Dem Slogan des Radiosenders SWF 3 entlehnt.

21 Rüdiger Dornbusch in der »Wirtschaftswoche«, Nr. 34, 1997.

22 So der Titel eines Artikels des französischen Soziologen Loiic J. D. Wacquant über die Entwicklung in den USA aus Leviathan, 1/1997; abgedruckt in: Frankfurter Rundschau, 12. Juli 1997.

23 Die folgenden Zahlen und Daten stammen aus dem erwähnten Artikel von Loiic J. D. Wacquant (ebenda).

24 Mit Europa ist damit mehr und anderes gemeint als die Europäische Union (EU).

25 Süddeutsche Zeitung, 11. Juli 1997.

26 Frankfurter Rundschau, 26. Juni 1997.

27 ISI 18, Informationsdienst Soziale Indikatoren, Ausgabe 18, Juli 1997.

28 Schlagzeilen der letzten Zeit: »Bonn mahnt bei Bundesländern Einsparungen an«; »Neue Steuerausfälle verschärfen Haushaltsprobleme«; »Auch für den April – den vierten Monat in Folge – kündigt sich für den Fiskus ein bundesweiter Steuerausfall an.«; »Waigel rechnet mit einer Verringerung der Einnahmenansätze um mehr als zehn Milliarden Mark und kündigte bereits weitere Sparmaßnahmen an.«

29 Eine gute Darstellung der wirtschaftlichen Lage und der Ursachen der Misere finden sich im Wochenbericht 27–28/97 des Deutschen Instituts für Wirtschaftsforschung Berlin (DIW) vom 3. Juli 1997. In einer vergleichenden Analyse der wirtschaftlichen Enwicklung mehrerer Industrieländer ergibt sich das Fazit: Insgesamt läßt sich feststellen, daß die arbeitsmarktpolitisch erfolgreichen Länder – selbst bei hohem Sozialleistungsniveau – entweder gar nicht angebotspolitisch agieren oder die Angebotspolitik nur dann erfolgreich war, wenn sie diese mit anderen Maßnahmen kombinierten (Abwertung, Steigerung des privaten Verbrauchs).

30 Weitere Daten dazu auch bei Franz Alt, Das ökologische Wirtschaftswunder. Wohlstand und Arbeit für alle. Berlin 19977.

31 Siehe ebenda.

32 Offener Brief zur NATO-Osterweiterung an Präsident Bill Clinton vom 26. Juni 1997; abgedruckt in: Blätter für deutsche und internationale Politik, Heft 8, 1977.

AtV

Band 8508

Aufbau Thema

Herausgegeben von Wilhelm von Sternburg

Manfred Buchwald

Medien-Demokratie

Auf dem Weg zum entmündigten Bürger

Originalausgabe

96 Seiten
ISBN 3-7466-8508-7

Unter dem Schlagwort »Multimedia« wird ein phantastisches Szenarium der totalen weltumspannenden Kommunikation versprochen. Diese schöne neue Welt wird von internationalen Konzernen der Bewußtseinsindustrie beherrscht, die sich zunehmend demokratischer Kontrolle entziehen. Der Bürger opfert den Medien immer mehr Zeit und Geld. Entwickelt sich eine Zweiklassengesellschaft, bestehend aus einer feudalen Informationselite und einem manipulierbaren Unterhaltungsproletariat?
Manfred Buchwald analysiert die medienpolitische Entwicklung bis in die Gegenwart.

AtV

Band 8504

Aufbau Thema

Herausgegeben von Wilhelm von Sternburg

Rolf Dietrich Schwartz
Kapitalismus ohne Netz

Was hält die Gesellschaft noch zusammen?

Originalausgabe

104 Seiten

ISBN 3-7466-8504-4

In der Bundesrepublik hatte sich nach dem Zweiten Weltkrieg in Gestalt der sozialen Marktwirtschaft eine gebändigte Kapitalismus-Variante durchgesetzt. Unter dem Druck der gegenwärtigen ökonomischen Krise beginnt dieser Konsens zu zerbrechen. Rolf Dietrich Schwartz, Bonner Korrespondent der »Frankfurter Rundschau«, verweist auf erschreckende historische Parallelen zwischen dem Sozialabbau heute und der Politik des »Kaputtsparens« in den 30er Jahren, die Hitlers Aufstieg begünstigte. Er prangert die unverfrorenen Interessenpolitik zugunsten der Vermögenden an und entlarvt konservative Lösungsstrategien als irrational: Der weltweit propagierte »Kapitalismus ohne Netz« droht, die demokratischen Institutionen und letztlich die gesamte Gesellschaft zu destabilisieren.